Meine Lieblingsorte

Calle Real in San Sebastian [I5] **3**

Sie ist zwar nicht „königlich" *(real)* – wie der Name suggeriert –, aber doch sehr gemütlich. Auf der Flanierstraße der Inselhauptstadt reihen sich Terrassenlokale aneinander, von denen aus man La Gomeras Bewohnern und Besuchern beim Flanieren zusehen kann (s. S. 13).

003lg·gs

Vueltas [B5] **35**

Zum Abend färbt sich die aus den Fluten ragende Felswand rot, die Boote sind vom Atlantik-Trip zurückgekehrt und liegen vertäut im Hafen. Dann stehen die Seeleute an der Theke der „Genossenschaft der Fischer" und ein paar fast handzahme Stechrochen warten im Hafenwasser auf Futter ... (s. S. 45)

Skywalk am Mirador de Abrante [F2] **52**

Ein Skywalk führt so weit über den Klippenrand, dass man meint, über dem Abgrund zu schweben: Wie mit dem Beil abgeschlagen fallen die Felsen nach unten, wo die Häuser von Agulo wie Spielzeugklötzchen stehen. Großartig ist auch der Blick nach Teneriffa, wo ein fast 4000 m hoher Kegel in den Himmel zeigt (s. S. 69).

004lg·gs

Los Roques [F4] **63**

Wie urzeitliche Geschöpfe ragen verwitterte Felsgiganten aus dem Grün des Lorbeerwalds – Relikte längst erloschener Vulkane. Es sind vier an der Zahl – Agando, Carmona, Ojila und Zarcita –, die liebevoll „Familie" genannt werden. Von ihren rustikalen Aussichtsterrassen blickt man in tiefe Schluchten (s. S. 80).

005lg·gs

Liebe Grüße ...

... von der Mole in Alojera

Von ihrer Spitze schaut man aufs weite Klippenrund, an das der Atlantik wilde Wellen wir Ist das Wasser einmal ruhig, steigt man über Eisenleitern in die Fluten und genießt vor der dramatischen Kulisse ein erfrischendes Bad. Am Ufer trotzt eine Handvoll Häuser der rauer See und dem Steinschlag, in einem davon befindet sich ein uriges Lokal (s. S. 62).

... vom Mirador Ermita del Santo

Unter einer Felswand duckt sich eine Kapelle zu Ehren des „Heiligen". So unscheinbar sie sein mag, so pompös sind die Terrassen, die vor ihr angelegt wurden. Das Beste aber ist der Blick: Über ein tiefes, zwischen zwei Steilflanken aufgespanntes Tal reicht er bis zum blauen Streifen des Meers (s. S. 59).

... von der Playa de la Caleta

So abgelegen ist der Strand, dass ihn viele verpassen. Dabei erlebt man hier das La Gomera von einst: In einer Bretterbude presse sympathische Señoras aus Papayas, Mangos und Maracujas frische Fruchtsäfte und Katzen tigern auf der Suche nach einem Happen herum (s. S. 74).

... von den Fischrestaurants in Playa Santiago

In La Gomeras Süden liegt eine kleine Flotte vor Anker, die die Lokale vor Ort mit frischer Ware versorgt: Ob Papageienfisch, Thunfisch oder Kalmar – mit Blick aufs Meer, einem Hauch Salzbrise in der Nase und Möwengeschrei schmeckt es doppelt gut (s. S. 33).

La Gomera

Als ich die Insel zum ersten Mal besuchte, gab es auf La Gomera noch keinen Flughafen und nur spärliche Fährverbindungen zur Insel Teneriffa. Schon die Anreise war ein Abenteuer: Die Schiffspassage über vom Sturm gepeitschte Atlantikwellen markierte den Abschied von der Welt der Geschäftemacherei und des Konsums. La Gomera war die Utopie, der Traum von einem anderen Leben, denn so wie die Eltern wollten wir den Urlaub nicht verbringen: nicht in den Bettenburgen von Teneriffa und Gran Canaria mit ihren Bier- und Würstchenbuden und der täglich eingeflogenen „Bild".

Wir suchten das Andere, das Ursprüngliche und glaubten, es vor allem an einem Ort finden zu können: im sonnenverwöhnten Valle Gran Rey, dem „Tal des Großen Königs", mit seinen Palmen und Bananenplantagen.

Die utopischen Träume sind im Laufe der Jahre verblasst, doch der schroff-schöne Zauber der Insel hat sich erhalten, **sanfter Tourismus** setzt Schranken. Nach wie vor bevorzugen die meisten Besucher kleine Unterkünfte, essen gern in Lokalen der Einheimischen und erkunden La Gomeras spektakuläre Landschaften zu Fuß. Viel ist zu entdecken: verwunschene Lorbeerwälder, Schluchten mit subtropischer Vegetation und von der Sonne verglühte Hochebenen, wilde Klippen und schwarze Strände. Und nach wie vor pflegen Gomeros ihre althergebrachten **Traditionen**. So hört man bei Festen den archaischen Klang von Trommeln und Kastagnetten, stärkt sich im Waldgasthof mit Kresseeintopf aus dem Holznapf und trinkt dazu ein Gläschen süffigen Insel-Wein …

Der Autor

Dieter Schulze studierte Literatur- und Sozialwissenschaften und promovierte über modernes Theater. Ein Stubenhocker wollte er jedoch nicht werden und so hat er seine Wanderlust zum Beruf gemacht und viele Reisebücher geschrieben. Seine besondere Liebe gilt den Kanaren, auf denen er die Wintermonate verbringt. Frucht der langen Aufenthalte sind verschiedene Kanaren-Bände, bei REISE KNOW-HOW erschienen „Lanzarote", „Fuerteventura" und „Gran Canaria" sowie in der Kauderwelsch-Reihe der Titel „Spanisch für die Kanarischen Inseln". Nach La Gomera kommt er stets gern zurück, denn die zerklüftete Insel strahlt eine Wildheit aus, die den „großen" Kanaren ausgetrieben wurde. Er mag die Bewohner, die einen beschaulichen Alltag pflegen und auch die Besucher, von denen viele noch heute von einer Alternative zur gegenwärtigen Ordnung träumen. Den Lesern des Buches empfiehlt er, die „schönsten Wochen des Jahres" nicht an einem der Hotelpools zu verbringen, sondern wenigstens einmal pro Woche in die Berge aufzubrechen.

Mitgewirkt an diesem Reiseführer hat Izabella Gawin, mit der der Autor viele Reisen auf die Insel gemeinsam unternahm.

Inhalt

Zeichenerklärung

★ ★ ★ nicht verpassen

★ ★ besonders sehenswert

★ wichtig für speziell
interessierte Besucher

[A1] Planquadrat im Kartenmaterial. Orte ohne diese Angabe liegen außerhalb unserer Karten. Ihre Lage kann aber wie von allen Ortsmarken mithilfe der begleitenden Web-App angezeigt werden (s. S. 144).

◁ *Vor dem Auslaufen –
Boote im Hafen von Vueltas* ㉟ *(001lg-fo©doris_oberfrank_list)*

Benutzungshinweise

Orientierungssystem

Die in den folgenden Kapiteln beschriebenen Attraktionen sind mit einer **fortlaufenden magentafarbenen Nummer** gekennzeichnet, die sich als Ortsmarke im Faltplan wiederfindet. Steht die Nummer im Fließtext, verweist sie auf die Beschreibung dieser Attraktion.

Die Angabe in **eckigen Klammern** verweist auf das Planquadrat im Faltplan oder auf den Ortsplan. Beispiel:

30 Valle Gran Rey ★ ★ ★ [B5]

Alle weiteren Points of Interest wie Unterkünfte, Restaurants oder Cafés sind mit einer Nummer in **spitzen Klammern** versehen. Anhand dieser eindeutigen Nummer können die Orte in unseren speziell aufbereiteten Satellitenkarten unter www.reise-know-how.de/inseltrip/lagomera16 lokalisiert werden.
Beispiel:

❯ **Finca Argayall** €€ <030>

Beginnen die Points of Interest mit einem **farbigen Quadrat**, so sind sie zusätzlich in den Ortsplänen eingezeichnet:

■ **Tasca La Salamandra** €€ <005>

Preiskategorien

Restaurants
Die Preise gelten für ein Hauptgericht mit Nachspeise und Getränk.

€	bis 15 €
€€	15–25 €
€€€	ab 25 €

Hotels
Um dem Leser eine Vorstellung zu vermitteln, wie teuer die vorgestellten Unterkünfte sind, wurden sie in Preisklassen unterteilt. Die Preise gelten jeweils für ein Doppelzimmer ohne Frühstück. Für ein Einzelzimmer zahlt man in der Regel 70 % des Preises für ein Doppelzimmer.

€	bis 45 €
€€	45–90 €
€€€	90–130 €
€€€€	über 130 €

Vorwahlen

Es gibt auf La Gomera keine Vorwahlen.
❯ **Spanien:** +34
❯ **Deutschland** +49
❯ **Österreich:** +43
❯ **Schweiz:** +41

ORTE UND REGIONEN

La Gomera im Überblick

Stellen Sie sich eine Torte vor, aus der viele Stücke herausgeschnitten wurden – ähnlich sieht La Gomera aus! Vom zentralen, bis zu knapp 1500 m aufragenden Bergland senken sich strahlenförmig 50 tief eingeschnittene Schluchten zur Küste hinab. Nur wo sie ins Meer münden, ist Platz für kleine, dunkle Strände. So karg und abweisend die Insel mit ihren hohen Klippen von außen auch aussehen mag, sie erweist sich doch, wenn man sie bereist, als überraschend vielfältig: mit üppig grünen Tälern im Norden, urwüchsigem Lorbeerwald in der Mitte, von der Sonne verbrannten Hängen im Süden – und dazwischen überall Palmen!

Markant anders: Nord und Süd

La Gomeras zentrales Bergmassiv wirkt als **Klimascheide** und teilt die Insel in zwei unterschiedliche Hälften: Während sich der **Norden** feucht, frisch und grün präsentiert, ist der **Süden** trocken, sonnig und karg. Schuld an der markanten Teilung ist der vorherrschende Wind, der **Passat**. Meist weht er von Nordost und trägt nach seinem langen Lauf über den Atlantik feuchte Luft heran, die im Inselnorden auf La Gomeras steile Berge stößt und zu Wolken kondensiert. Diese steigen bis zu einer Höhe von etwa 700 bis 1500 m auf, wo kühltrockene Luftmassen sie daran hindern, weiterzuklettern. Besucher, die das erste Mal auf die Insel kommen, reiben sich die Augen, wenn sie von Norden kommend den wolkenverhangenen Nationalpark im Zentrum gequert haben, um auf der Süd- oder Westseite von strahlendem Sonnenschein begrüßt zu werden.

Welcher Standort?

Dreh- und Angelpunkt des touristischen Geschehens ist das **Valle Gran Rey** ㉚, das „Tal des großen Königs" im Westen. Trotz vorwiegend trockenen Wetters ist es üppig grün – reiche Wasserquellen machen es möglich. Mit terrassierten Steilflanken und einem sich breit ins Meer ergießenden Mündungsdelta ist das Tal zugleich eines der schönsten der Kanaren. So verwundert es nicht, dass es schon in den 1960er-Jahren von zivilisationsmüden Aussteigern „entdeckt" wurde! Im „Valle" gibt es eine große Auswahl an Unterkünften, dazu eine vitale Gastroszene, Bademöglichkeiten und Aktivagenturen für Wanderer und Biker.

Ein kleineres Ferienzentrum hat sich im „sonnensicheren" Süden etabliert: **Playa Santiago** ⑱ hat ein Vorzeigehotel und einen attraktiven Golfplatz. Travellern bietet es Pensionen, Apartments und dunkle (FKK-)Strände.

Wer gerne unter Einheimischen Urlaub macht, kann sich in der Hauptstadt **San Sebastián** ❶ einquartieren. Sie hat einen passablen Strand und gute Lokale; im Bus oder Mietauto hat man es nicht weit zu Wanderungen im Nationalpark. Und auch im Inselnorden sind Wanderer gut aufgehoben: Ob **Hermigua** ㊵, **Agulo** ㊾ oder **Vallehermoso** ㊻ – alle drei Orte liegen malerisch inmitten grüner Terrassenfelder. Baden ist aufgrund der rauen See hier aber nur im Naturschwimmbecken bzw. Pool möglich.

▷ *La Playa* ㉜ *an der Mündung des Valle Gran Rey* ㉚ *im Südwesten*

◁ *Vorseite: Der Blick vom Parador* ⑫ *reicht bis nach Teneriffa*

Inselsteckbrief

Lage: im Westen des Archipels, über 300 km vom afrikanischen Festland und 1500 km von Gibraltar entfernt

Fläche: 378 km², fast kreisförmig (ca. 25 km im Durchmesser). 81,5 km² sind bewaldet, 16,2 km² werden landwirtschaftlich genutzt.

Höchster Berg: Garajonay (1487 m)

Einwohnerzahl: 18.000, verteilt auf sechs Gemeinden

Hauptstadt: San Sebastián de la Gomera, 7000 Einwohner

Religion: vorwiegend römisch-katholisch

Sprache: Spanisch

Verwaltung: Die Kanarischen Inseln bilden innerhalb Spaniens eine autonome Region (vergleichbar mit den Bundesländern in Deutschland). Sie ist in zwei Provinzen aufgeteilt: La Gomera gehört seit 1927 mit La Palma, El Hierro und Teneriffa zur Westprovinz Santa Cruz de Tenerife. Gran Canaria bildet mit Lanzarote und Fuerteventura die Ostprovinz Las Palmas de Gran Canaria. Jede Insel wird von einem Inselrat, dem Cabildo Insular, verwaltet. Dieser überwacht die Arbeit der Ayuntamientos, der Bürgermeisterämter der Gemeinden (auf La Gomera gibt es sechs).

Wirtschaft: Bananen sind das einzige Exportgut der Insel. Ausschließlich für den Eigenbedarf werden Kartoffeln, Mais und Tomaten angebaut. Fischfang und Viehwirtschaft haben nur geringe Bedeutung. Noch immer ziehen viele Jugendliche auf die Nachbarinsel Teneriffa, um im Tourismusgewerbe zu arbeiten; nur wenige finden Anstellung in den Hotels und Apartmentanlagen La Gomeras.

Letzter Vulkanausbruch: Die letzten Ausbrüche auf der Insel liegen 2,8 Mio. Jahre zurück.

Zeit: Westeuropäische Zeit (= Mitteleuropäische Zeit minus 1 Std.)

Wie die Insel erkunden?

Die Insel mag auf den ersten Blick er unwegsam scheinen, doch sie ist bestens erschlossen. Gut ausgebaute **Straßen** (mit Tunneln) führen in alle Regionen.

Leider ist das **Busnetz** nicht gerade engmaschig geknüpft: Die Verbindungen sind auf die Hauptstadt San Sebastián ausgerichtet. So gibt es eine Ost-West-Verbindung quer über die Insel durch den Nationalpark, eine Südroute nach Playa Santiago/Aeropuerto und eine Nordroute über die Gemeindestädtchen Hermigua, Agulo und Vallehermoso. Ansonsten gibt es kaum Verbindungen (s. Verkehrsmittel, S. 131). Einheimische sprechen unverhohlen von einer „Taxi-Mafia", die dafür sorge, dass es nicht mehr würden. **Taxis** sind auf La Gomera nicht billig – man sollte darauf achten, bei längeren Strecken einen Festpreis auszuhandeln (San Sebastián – Valle Gran Rey: 60–65 €). Aufgrund der relativ günstigen Preise (ab 30 € pro Tag) lohnt es sich, einen **Mietwagen** zu buchen – damit hat man die größte Freiheit bei Ausflügen. Verleihfirmen finden sich in allen größeren Orten.

Konditionsstarke Urlauber können La Gomera auch per **Rad** erkunden. Verleihstationen gibt es v. a. in Valle Gran Rey ③⓪. Hier werden auch **Bootsausflüge** angeboten, die zu den „Orgelklippen" an der Nordwestküste führen oder „auf der Suche nach Walen" hinaus aufs offene Meer.

❶ San Sebastián – die Inselhauptstadt ★★★ [I5]

La Gomeras Hauptstadt hat ländlich-provinziellen Charme. Fußgängerstraßen mit Terrassenlokalen laden zum Flanieren ein. Unterkünfte von fein bis klein verlocken dazu, mehr als nur einen Zwischenstopp in San Sebastián einzulegen. Die Geschichte des Städtchens ist eng mit der Eroberung Amerikas verknüpft – mehrere Museen erinnern daran.

Die Bewohner der 7000 Einwohner zählenden Inselhauptstadt wirken freundlich und entspannt. Nur wenn sich frühmorgens ein Kreuzfahrtschiff oder im Tagesverlauf eine Fähre aus Teneriffa dem Hafen nähert, kommt Unruhe auf. Taxifahrer drücken ihre Zigaretten aus und flitzen hinüber zur Mole, wo sie auf das große Geschäft hoffen. Am wenigsten versprechen sie sich von den Individualtouristen: Diese haben meist schon vor der Reise ein Auto gemietet und wollen, ohne Zeit zu verlieren, ins „Tal des großen Königs" durchstarten. Doch ein paar Touristen gibt es – und mit jedem Jahr werden es mehr –, die sich in Langsamkeit üben und wenigstens für ein oder zwei Tage in „La Villa" bleiben – so nennen die Gomeros ihre Hauptstadt am liebsten.

Die **Orientierung** in San Sebastián fällt leicht: Unterkünfte, Geschäfte, Banken und Bars konzentrieren sich auf zwei Straßen, die Calle del Medio, auch Calle Real („die Königliche") genannt, sowie die parallel verlaufende Calle Ruíz de Padrón. Beide starten an der Plaza de las Américas.

▷ *San Sebastián von der Höhenstraße aus gesehen*

❷ Las Plazas ★★ [I5]

Dreh- und Angelpunkt von San Sebastián ist die **Plaza de las Américas,** ein weiter Platz, der den Blick auf Hafen und Meer freigibt. Sein Name erinnert an die beiden „Americas" – gemeint sind der Nord- und Südteil des Kontinents –, die der Seefahrer Kolumbus entdeckte, nachdem er von La Gomera in die unbekannten Weiten des Atlantiks gestartet war. An der Ostseite des Platzes steht das **Rathaus** (Ayuntamiento), das sich mit seinen Holzbalkonen und einer nostalgischen Turmuhr von den dahinter stehenden Betonbauten wohltuend abhebt. Für eine erste Pause bieten sich ein paar Pavillons an, an denen es frisch gepresste Säfte und Cocktails gibt.

Von der Plaza de las Américas ist es nur ein Katzensprung zur **Plaza de la Constitución:** Von allen Seiten umschlossen und von üppigen Indischen Lorbeerbäumen beschattet, wirkt sie intimer als der erste Platz. Auch hier gibt es einen Ort, der nicht ohne Kolumbus-Bezug auskommt: Das Café Las Carabalas („die Karavellen") ist nach jenem Schiffstyp benannt, mit dem der Seefahrer unterwegs war.

❸ Calle Real ★★★ [I5]

Die **Calle del Medio** ist die „Straße in der Mitte", wird aber meist **Calle Real,** die „Königliche" genannt. An ihr waren früher alle wichtigen Inselinstitutionen aufgereiht, und noch heute kann man hier viele Sehenswürdigkeiten entdecken. Die Straße wird von repräsentativen, jüngst restaurierten **Bürgerhäusern** gesäumt und es macht Spaß, in den einen oder anderen Innenhof zu blicken, der sich als grüne, schattige Oase präsentiert. Da die Straße Fußgängern vorbehalten ist, lässt es sich auf ihr gut flanieren, mehrere Lokale bieten sich für einen Zwischenstopp an.

❹ Casa de Aguada ★★ [I5]

Zum Auftakt der Calle Real, angrenzend an die Plaza de la Constitución, steht ein unscheinbares Haus, in dem einst Export- und Importwaren zwischengelagert wurden. Die auf sie erhobene Steuer floss direkt in die Kasse des Inselgrafen und war seine wichtigste Einkommensquelle. Zeitweise diente das Gebäude auch als Gefängnis. Im Innenhof darf der legendäre **Brunnen** bestaunt wer-

0121g-gs

San Sebastián

Hermigua 55
Barranco de la Villa

R. de Venezuela

Calle de la Luz

Pista de las Palmitas

R. Ruiz

C. de Padrón

C. El Tanquito

Calle El Profesor Armas Fernández

C. San Sebastián

Ermita de San Sebastián ⑩

1

R. Panamá

2

3

⑨ Casa de Colón

Calle Real

C. Rep. de Cuba

Iglesia de Nuestra Señora de la Asunción

Casa Bencomo/ Museo de Piedras

ℹ 6

8

7 Museo Arqueológico de Gomera

5 Galería de Arte Luna

de Colón

Casa del Conde ★

3

Calle del Medio (Calle Real)

6

7

8

Virgen de Guadalupe

Estación de Guaguas (Busbahnhof) Ⓑ

4

Avenida

R. de Chile

9

Cabildo Insular

10

11

Casa de Aguada

4

12 Plaza de la Constitución

13

2

Las Plazas

14

Ayunta-miento

Torre del Conde

11

Plaza de las Américas

Av. del Quinto Centenario

Barranco de la Villa

Calle Ipalán

El Calvario

15

Valle Gran Rey 30
Playa Santiago 18

Paseo de Fred Olsen

✖

Descubridores

El Lamero

de los

Avenida

🏊 Playa de San Sebastián

0   100 m   © Reise Know-How 2016

Sehenswürdigkeiten
2 Las Plazas
3 Calle Real
4 Casa de Aguada
5 Galería de Arte Luna
6 Casa Bencomo/
Museo de Piedras
7 Museo Arqueológico
de Gomera
8 Iglesia de Nuestra
Señora de la Asunción
9 Casa de Colón
10 Ermita de San Sebastián
11 Torre del Conde
12 Parador

Playa Avalos 13

La Lomada

Parador 12

Mirador de la Hila

Playa de la Cueva

Paseo de Fred Olsen

16

Puerto Deportivo

Estación Marítima

Playa Santiago 11
Los Cristianos (Teneriffa)
La Palma, El Hierro

Übernachtung
2 Colón
5 Victor
6 San Sebastián
10 Hotel Torre del Conde
– Garajonay

**Gastronomie/
Nachtleben**
7 Tasca La Salamandra
8 Princesa Iballa
9 Bistro La Forastera
11 Breñusca
12 Las Carabelas
13 Cuba Libre

Einkaufen/Sonstiges
1 Oficina de Correos
(Post)
3 Farmacia (Apotheke)
4 Hiper Trebol und Markt
14 Guardia Civil (Polizei)
15 Hospital Nuestra Señora
de Guadalupe

Aktiv
16 Dive Art Gomera

den, aus dem **Kolumbus** seinen Wasserproviant für die Atlantikpassage schöpfte. „Mit diesem Wasser", so die kühne Aufschrift, „wurde Amerika getauft". Eine leicht abstrahierte Büste vor dem Haus zeigt Kolumbus „vom Winde verweht".

❯ **Casa de Aguada,** Calle Real 4, www.museoslagomera.es, Mo–Fr 10–18 Uhr, Eintritt frei

❺ Galería de Arte Luna ★ [I5]

In dieser traditionsreichen Galerie sind **Landschaftsbilder** von kanarischen Künstlern und dem in Wien geborenen Wahlgomero Guido Kolitscher zu sehen. Dieser versteht es wie kaum ein anderer, die Idylle der Insel mit pastellfarbenen Aquatinta-Radierungen festzuhalten. Daneben sind auch Werke der aus Polen stammenden Vicki Penfold ausgestellt, einer Schülerin Oskar Kokoschkas.

❯ **Galería de Arte Luna,** Calle Real 28, www.fundacionguidokolitscher.org, Mo–Fr 10–13 und 16.30–20 Uhr, Sa 10–13 Uhr, Eintritt frei

⌂ *Schöne architektonische Details an der „königlichen Straße" (Calle Real* ❸ *)*

❻ Casa Bencomo/ Museo de Piedras ★★ [I5]

Das restaurierte historische Haus beherbergt die **Touristeninfo** und das **Museum der Steine.** Mit „Steinen" sind La Gomeras Zeugnisse des Vulkanismus gemeint: vertikale Klippen, steile Schluchten, abgesprengte Felsen etc. Schautafeln erläutern, wie sie seit neun Millionen Jahren, als die Insel über die Meeresoberfläche hinauswuchs, von Wind und Wasser geformt werden. Im schönen Patio mit Holzgalerie aus dem 19. Jh. werden in Wechselausstellungen Werke jener **Bildhauer** gezeigt, die mit Gomera-Stein arbeiten – einer von ihnen ist der von der Insel stammende Pedro Zamorano.

❯ **Casa Bencomo,** Calle Real 32, Mo–Sa 9–13.30 u. 15.30–18, So 10–13 Uhr, Eintritt frei

❼ Museo Arqueológico de Gomera ★★ [I5]

Alles, was man über die **Ur-Gomeros** weiß, wird in diesem hübschen historischen Haus gezeigt: Im Erdgeschoss werden archäologische Fundorte vorgestellt, im Obergeschoss wird man in Alltag und Kultur der Ureinwohner eingeweiht und sieht Kultsteine vom Roque Agando und der Fortaleza de Chipude (siehe Wanderung 2, S. 88) sowie die Nachbildung eines Höhlengrabs. Bis heute nicht geklärt ist die Bedeutung der über hundert berberisch-libyschen Schriftzeichen, die 2006 in der Höhle Las Toscas del Guirre auf einer fünf mal zwei Meter großen Felswand entdeckt wurden – einer der bislang wichtigsten Funde dieser Art auf den Kanaren.

❯ **Museo Arqueológico de Gomera (MAG),** Calle Torres Palida 8/Plaza de la Iglesia de la Asunción, www.museoslagomera. es, Di–Fr 10–18, Sa/So 10–14 Uhr, Eintritt 2,50 €

8 Iglesia de Nuestra Señora de la Asunción ★ ★ ★ [15]

Der Grundstein zur größten und schönsten Kirche der Insel wurde bereits um 1450 gelegt, doch der dreischiffige Bau, den man heute sieht, ist jünger. Er stammt aus dem 17. Jahrhundert und wurde in der Folge um Seitenkapellen erweitert. Drei wuchtige Portale führen ins Innere der Kirche. Das linke heißt in Erinnerung an ein makabres Ereignis aus der Conquista-Zeit **Puerta del Perdón** („Tor der Vergebung"): Als der Eroberer Hernán Peraza d. J. im Jahr 1488 von den Ureinwohnern getötet wurde (s. S. 42), inszenierte seine Witwe Beatriz de Bobadilla ein grausames Begräbnis. Allen Gomeros, die durch das Tor schritten und damit ihre Schuld eingeständen, stellte sie Straffreiheit in Aussicht. Doch die Gomeros mussten die Erfahrung machen, dass auf ihr Wort kein Verlass war. Alle über 15 Jahre alten Männer, die sich in der Kirche einfanden, wurden hingerichtet, über 400 Frauen und Kinder versklavt und nach Spanien verkauft. Immerhin verurteile die Königin das Vorgehen der Inselherrin und ordnete die Freilassung der versklavten Gomeros an.

Heutige Besucher, so wünschen es die Stadtoberen, sollten freilich vor allem über den **Besuch des Kolumbus** informiert werden. Am 6. September 1492 soll dieser das Gotteshaus (bzw. dessen Vorgängerbau) betreten haben, um Segen für die Atlantiküberquerung zu erflehen. Seinem Beispiel dürften wenige Jahre später die Konquistadoren **Cortéz** und **Pizarro** gefolgt sein.

Im **Innern** der Kirche beeindrucken die holzgetäfelten Deckengewölbe im Mudejar-Stil. In diesem vereint sich christliche Ornamentik mit der mus-

☑ *Über der Iglesia de Nuestra Señora de la Asunción sieht man die bunten Häuser der Oberstadt*

01416_gs

Isla Colombina – auf Kolumbus' Spuren

Am 12. August 1492 ging Kolumbus mit seinen drei Karavellen in San Sebastián vor Anker. Damals bestand die Hauptstadt nur aus mehreren Häusern, einer Kapelle und einem Festungsturm. Auf den staubigen Wegen war kaum eine Menschenseele zu sehen, Friedhofsruhe lag über der Stadt. Nur vier Jahre zuvor hatte es hier die schlimmsten Massaker in der Geschichte La Gomeras gegeben - bei einem Aufstand gegen die Konquistadoren waren unzählige Ureinwohner getötet und viele in die Sklaverei verkauft worden.

Noch heute - über 500 Jahre später - dreht sich in San Sebastián Vieles um **Christoph Kolumbus,** der im Auftrag der spanischen Krone aufgebrochen war, um einen Seeweg nach Indien (Las Indias), das Land begehrter Luxusgüter, zu erschließen. Der erfahrene Seefahrer aus Genua war fest davon überzeugt, von La Gomera aus schnell und sicher ans Ziel seiner Expedition zu gelangen. Er wusste um die Bedeutung der Passatwinde, die im

Herbst stetig gen Westen wehen, also genau dorthin, wo er aufgrund seiner Berechnungen Indien vermutete. Dass er auf dem Weg dorthin eine für die Europäer komplett „neue Welt" entdeckte, hat Kolumbus Zeit seines Lebens nicht begriffen. So blieb es seinem Landsmann, dem Seefahrer **Amerigo Vespucci** überlassen, als erster von einem „Mundus Novus" zu sprechen. Damit ist erklärt, weshalb der Kontinent nach ihm benannt wurde.

Die Gomeros sind stolz darauf, Kolumbus als Gast aufgenommen und sogar Matrosen für die Überfahrt gestellt zu haben. Von ihrer Stadt, verkünden sie, sei der Seefahrer aufgebrochen, um eine neue Welt zu entdecken und fremde Kontinente zusammenzuführen. Auf seinen Karavellen seien gomerische Apfelsinen nach Amerika gelangt, dazu Ziegen, Schafe und Hühner. Selbst das Wasser der Insel, so wird mit einer Aufschrift am Brunnen des ehemaligen Zollhauses (**Casa de Aguada** 🔴4) suggeriert, habe zivilisatorisch gewirkt: „Mit diesem Wasser", steht da zu lesen, „wurde Amerika getauft" („con esta agua se bautizó América").

Spuren, die der Seefahrer in der Hauptstadt hinterließ, werden von den Gomeros gehegt und gepflegt - und wo es sie nicht gibt, werden sie schlichtweg erfunden, um die Fantasie der Besucher beflügeln und um sie vermarkten zu können. Natürlich könnte der Seefahrer in der Pfarrkirche gebetet haben - doch gibt es dafür Bewei-

◁ Hommage an Kolumbus an der Casa de Aguada 🔴4

se? Und gewiss spricht vieles dafür, dass er in manch schönem Haus der Stadt genächtigt hat – doch kennt man die Adresse? Immerhin scheint sicher, dass er in San Sebastián in ein amouröses Abenteuer verstrickt war.

*Auf La Gomera lebte die Adlige **Beatriz de Bobadilla** (1457–1504), in die, wie ein Expeditionsteilnehmer berichtet, „unser Admiral heiß verliebt war". Kolumbus mochte sie auf La Gomera kennengelernt haben, er mochte ihr aber auch bereits am spanischen Hof begegnet sein, denn dort hatte sie eine nicht unbedeutende Rolle gespielt. Sie war Hofdame der Königin und galt als schöne, aber zugleich unberechenbare Frau, die in viele Intrigen verstrickt war. Als die Königin eines Tages erfuhr, dass den Reizen der Beatriz selbst ihr Gatte erlegen war, verbannte sie ihre Nebenbuhlerin ans vermeintliche Ende der Welt: auf die Insel La Gomera. Kolumbus, so wird gemunkelt, war von Beatriz derart angetan, dass er nicht nur einmal nach La Gomera kam – auch auf seinen späteren Fahrten legte er in San Sebastián einen Zwischenstopp ein. 1493 kam er mit 17 Schiffen und 1500 Siedlern, 1498 war seine Flotille bescheidener. Bei dieser seiner dritten Fahrt blieb er nur wenige Tage – Beatriz hatte nicht auf ihn gewartet, sondern Alonso Fernández de Lugo geheiratet, den Gouverneur der Inseln Teneriffa und La Palma.*

*In der **Casa de Colón*** 9 *wird vor allem der erste Aufenthalt des Seefahrers auf La Gomera ausgiebig gewürdigt. Die Plaza de las Américas ist nach dem von ihm entdeckten Kontinent benannt, das Lokal Las Carabelas (s. S. 23) nach dem von Kolumbus bevorzugten Schiffstyp.*

limischen, an geometrischen Formen geschulten Kunst, die in Spanien über einen Zeitraum von knapp 700 Jahren vorherrschend war. Im linken Seitenschiff lohnt ein Blick auf den Altarraum mit kunstvollem Schnitzwerk des aus Gran Canaria stammenden Barockkünstlers José Luján Pérez. Daneben wird auf einem Wandbild der erfolgreichen Abwehr einer britischen Korsarenflotte im Jahr 1743 gedacht.

> **Iglesia de Nuestra Señora de la Asunción**, Calle Real 32, tgl. 8–19 Uhr, Eintritt frei

9 Casa de Colón ★★ [I5]

Von außen abweisend, überrascht das Gebäude mit einem **romantischen Innenhof**. Das Haus wurde zwar erst im 17. Jh. erbaut, dennoch hält sich hartnäckig das Gerücht, Kolumbus habe hier 1492 übernachtet, bevor er zur Expedition in Richtung Westen aufbrach. Besichtigt werden können Schiffsmodelle, mittelalterliche Weltkarten und nordperuanische Keramik. Außerdem werden **Ausstellungen** organisiert, zumeist mit Werken kanarischer Fotografen, Bildhauer und Maler.

> **Casa de Colón**, Calle Real 56, Mo–Fr 10–18 Uhr, Eintritt 2,50 €

10 Ermita de San Sebastián ★ [I5]

Die Kapelle des heiligen Sebastián wurde vermutlich 1450 **zu Ehren des christlichen Inselpatrons** errichtet. Sie wurde mehrmals von Korsaren zerstört, ihre heutige Gestalt erhielt sie ab 1659. Wer am 20. Januar, dem Namenstag des Heiligen, die Kirche besichtigt, wird Zeuge einer feierlichen, von tiefer Frömmigkeit geprägten Prozession.

> **Ermita de San Sebastián**, Calle Real 62, unregelmäßig geöffnet

⑪ Torre del Conde ★★ [I5]

Südwestlich der beiden verkehrsberuhigten Straßen befindet sich ein Park,
in seiner Mitte das älteste Bauwerk
der Stadt, der **Grafenturm**. 1447 wurde er auf Befehl des Konquistadors
Hernán Peraza d. Ä. aus rötlichem
Vulkangestein mit knapp zwei Meter
dicken Außenmauern erbaut. In den
folgenden Jahrzehnten diente er den
Eroberern als Stützpunkt zur Unter-
werfung der Insel. Von den Schieß-
scharten wurden Feuerwaffen auf he-
rannahende Gomeros gerichtet, aus
Pechnasen floss glühender Schwefel auf sie hinab. Nach der Eroberung
bot der Turm den spanischen Herr-
schern wiederholt Schutz vor auf-
begehrenden Gomeros. Nichts ver-
mochte er jedoch gegen die Piraten
auszurichten, die im 16. und 17. Jh.
mehrfach die Insel angriffen: so geschehen 1571, 1599 und noch einmal 1618. Gegenwärtig ist im Turm
ein kleines **kartografisches Museum**
untergebracht. Es zeigt, wie im Laufe
der Zeit das kartografische Abbild der
Insel präzisiert wurde.

❯ **Torre del Conde,** www.museoslagomera.
es, meist Mo–Fr 10–18 Uhr

⑫ Parador ★★ [I5]

Hoch über der Stadt thront der Parador, das staatliche Vorzeigehotel. Der
auf einer Klippe errichtete Bau wurde
1973 im Stil eines spanischen Adels-
palasts errichtet, antike Gemälde und
Möbelstücke beschwören den Geist
vergangener Zeiten – Kolumbus' Epo-
che lässt grüßen! Wer kein Hotelgast
ist, darf bis zum ersten Innenhof „vor-
dringen" und sich in der Bar einen
Kaffee genehmigen. Auch das Restaurant steht – gegen Bares versteht
sich – allen offen. Vielleicht kann
man auch vom Garten den großarti-
gen Panoramablick über die Bucht
von San Sebastián genießen.

Wer zum Parador hinaufsteigen
möchte, folgt dem Treppenweg Camino de Puntallana, der die weiten Straßenkehren in zehn schweißtreiben-
den Minuten abkürzt.

❯ **Parador Conde de la Gomera,**
Cerro de la Horca s/n, La Lomada,
Tel. 922871100, www.paradores.es

Strände am Ort

Vor der einen Kilometer langen, von Palmen gesäumten Uferpromenade liegt der dunkle, von Kieselsteinen durchsetzte Stadtstrand **Playa de San Sebastián**. Aufgrund des Fähr- und Schiffsverkehrs ist das Wasser hier allerdings nicht unbedingt sauber. Eine gute Alternative ist der durch Wellenbrecher vor gefährlicher Strömung geschützte dunkle Sandstrand, der in der nördlich angrenzenden Nachbarbucht geschaffen wurde: Die 250 m breite **Playa de la Cueva** liegt direkt unterhalb des Parador, daneben befinden sich der Club Naútico und das in den Fels geschlagene Lokal El Charcón.

Infos und Reisetipps

❭ **Oficina de Turismo (San Sebastián),** Casa Bencomo ❻, Calle Real 32, Tel. 922141512, www.lagomera.travel, www.sansebastiangomera.org/turismo, Mo–Sa 9–13.30 u. 15.30–18, So 10–13 Uhr

❭ **Taxi:** Stände am Fährhafen und an der Plaza de las Américas, Tel. 922870524

❭ **Bus:** Haltestelle sowohl am Fährhafen als auch am Busbahnhof *(Estación de Guaguas)* an der Via de Ronda. Mehrere Busse fahren täglich nach Valle Gran Rey (Linie 1), Hermigua-Vallehermoso (Linie 2) und Playa Santiago (Linie 3) sowie zum Flughafen (Linie 7). Am Busbahnhof starten die Kleinbusse für San Sebastián und Umgebung *(Transporte Urbano):* Sie fahren z. B. zum Parador (Linie „La Gallarda") und in den Barranco de la Villa (Linie „La Laja").

Unterkünfte

⓬ [I5] **Parador Conde de la Gomera** €€€€. Das staatlich geführte Hotel entpuppt sich als Nobelpalais mit nostalgischem Flair. Der Gast pilgert durch ein Labyrinth von antiken Räumen und verwunschenen Gärten und findet Ruhe in Schatten spendenden Kreuzgängen. Das Hotel thront auf einer 70 m hohen Klippe über dem Atlantik inmitten eines wunderschönen, mit Palmen und Drachenbäumen bepflanzten Gartens, von wo man über das Meer bis zum Gipfel des Teide auf Teneriffa schaut. Im Garten befindet sich auch der große Pool. Das Restaurant, in dem auch das üppige Büfettfrühstück serviert wird, genießt einen guten Ruf.

■ **Hotel Torre del Conde – Garajonay** €€-€€€ <001> Calle Ruiz de Padrón 19, Tel. 922870000, www.hoteltorredelconde.com. Gut geführtes Dreisternehotel im Zentrum. Von den 38 freundlichen Zimmern mit Marmorbad weisen viele zum

◁ *Der Park von San Sebastián – mittendrin der Torre del Conde*

△ *Im Innenhof des Parador*

Park. Auch im attraktiven Anbau haben die schöneren (und ruhigeren) Zimmer Gartenblick. Das in Büfettform angebotene Frühstück macht satt, WLAN ist gratis. Begehrt ist die zum Park ausgerichtete Dachterrasse mit Sauna, Jacuzzi und FKK-Zone. Ab einem Aufenthalt von mehr als sechs Nächten gibt es Rabatt.

■ **San Sebastián** €€ <002> Calle Real 20, Tel. 922141475, Mobil 609131361. Apartmenthaus in zentraler Lage mit zehn komfortablen Wohneinheiten (Schlafzimmer, Wohnküche, Bad), die sich rings um einen roséfarbenen Patio gruppieren.

■ **Colón** € <003> Calle Real 59, Tel. 922870235. Kleine Pension in einem Bürgerhaus. Die Zimmer sind dunkel und gemütlich, verfügen allerdings nur über ein Waschbecken. Es gibt ein Gemeinschaftsbad. Tagsüber kann es laut werden: Der Patio geht in einen Spielplatz über, auf dem sich vom frühen Morgen bis zum späten Nachmittag viele Kinder tummeln.

■ **Víctor** € <004> Calle Real 23, Tel. 922871335. Pension aus der Pionierzeit des Tourismus: neun einfache Zimmer teils mit eigenem, teils mit Etagenbad, alle mit Gratis-WLAN.

Essen und Trinken

Fast alle Lokale verfügen über Terrassen, auf denen man sitzen und die Aussicht genießen kann. Am meisten los ist auf der Calle Real.

■ **Tasca La Salamandra** €€ <005> Calle Real 16, Mobil 626223301, tgl. außer So 12.30–16 und 19.30–23 Uhr. Gastrobar in einem Adelshaus aus dem 18. Jahrhundert mit schattigen Innenhöfen. Ancor, der sein Handwerk auf der Hotelfachschule von Gran Canaria erlernt hat, bietet fantasievoll abgewandelte kanarische Küche aus frischen Zutaten. Auch wer nur auf ein Getränk vorbeikommt, ist willkommen! Gratis-WLAN.

■ **Breñusca** € <006> Calle Real 11, Tel. 922870920, tgl. 9–24 Uhr. Das einfache, kleine Lokal bietet deftige kanarische Hausmannskost, z. B. Kichererbseneintopf und gebeiztes Kaninchen in pikanter Soße.

⌂ *Traveller-Unterkunft Pension Víctor*

▷ *In der Markthalle stapeln sich Obst und Gemüse*

La Forastera

Forastera („die Fremde") heißt eine einheimische Traubenart. Als „Fremde" – im Sinne von „Weltenbummlerin" – versteht sich Laurence Blondeau, die schon auf vielen Kontinenten gekocht hat. Zusammen mit ihren Kindern betreibt sie ein kleines Terrassenlokal, in dem Gerichte aus aller Welt frisch zubereitet und appetitlich arrangiert werden.

■ **Bistro La Forastera** <009> Calle Real 15, Mobil 636771218, tgl. ab 11 Uhr

■ **Las Carabelas** € <007> Plaza de la Constitución s/n, Tel. 922870655, tgl. außer So 8–23 Uhr. Der runde Pavillon auf der schattigen Plaza de la Constitución war einmal der angesagte Treffpunkt auf La Gomera, eine fast legendäre Institution. Noch heute trinkt man hier gern einen Kaffee oder einen Orangensaft und stärkt sich mit *bocadillos* (belegten Brötchen).

■ **Princesa Iballa** € <008> Calle Virgen de Guadalupe 7. Wer früher schon im Lokal war, kennt es noch als „Restaurante Vegetariano Asociación Iballa". Mit dem neuen Besitzer hat es auch den Namen gewechselt. Es liegt nur drei Schritte von der Plaza de la Constitución entfernt, ist aber so gut versteckt, dass man es nur mit Mühe findet. Im von Blumen umrankten Hinterhof eines Seniorenklubs gibt es Tapas und dazu ein kühles Bier oder ein Glas Insel-Wein, dazu hat man einen schönen Blick in einen romantischen Garten. Urig!

Einkaufen

An den beiden verkehrsberuhigten Hauptstraßen reihen sich Souvenir- und Modeläden. Ein gut bestückter Supermarkt befindet sich unmittelbar neben der **Markthalle.** Reißenden Absatz finden die Brot- und Konditorwaren der angeschlossenen Bäckerei.

■ **Hiper Trebol (Supermarkt)** <010> Av. de Colón s/n, Zugang Via de Ronda, Mo–Sa 8–20, So 9–14 Uhr

Nachtleben

Nach 18 Uhr, wenn die Kreuzfahrer und Tagesausflügler aus Teneriffa von dannen gezogen sind, werden die Bürgersteige hochgeklappt. Ausgehfreudige treffen sich auf der Plaza de las Américas ❷, auf der einige Bars bis tief in die Nacht die Stellung halten – allen voran Cuba Libre.

■ **Cuba Libre** <011> Plaza de las Américas 18, bis 2 Uhr. Auf der Terrasse am zentralen Platz bestellt man Tapas und Fruchtsäfte, vor allem aber Cocktails wie den Cuba Libre, Sex on the Beach, Mojito und Daiquiri.

Ausflugsziele rund um San Sebastián

⓭ Playa de Avalos ★ [I4]

Die bei Einheimischen beliebte **Bade- und Tauchbucht** liegt 6 Kilometer nordöstlich von San Sebastián. Vorbei am Parador ⓬ geht es stadtauswärts bis zum weiß ummauerten Friedhof: Während die Straße rechts in 500 Metern zum Leuchtturm Faro de Cristóbal führt, geht es links – vorbei an einem Polizei-Gelände (Guardia Civil), das man nicht betreten darf – in Richtung Playa de Avalos. Sogleich kommen die Mega-Ruinen des nicht fertiggestellten Palm Beach Club in den Blick, einer nach Teneriffa-Muster geplanten, für La Gomera überdimensionierten Hotelanlage. Auch in der nächsten Bucht war einmal Großes geplant – die verrottenden Straßenlaternen an aufgeplatzten Asphaltstraßen machen es deutlich. Dank der Finanz- und Wirtschaftskrise sind (vorerst) alle Projekte auf Eis gelegt, sodass man die schöne Playa de Avalos ohne Hotelbetrieb genießen kann: Am 200 m langen, von Felsklippen eingefassten **Kiesstrand** steigt man in kristallklares, türkisfarbenes Wasser und kann sich im Schatten eines Palmenhains vor der sengenden Sonne schützen. Wenn an Sommerwochenenden die Hauptstädter kommen, floriert eine Strandbar.

⓮ Ermita de Nuestra Señora de Guadalupe ★★ [I4]

Wer dem Sträßchen von der Playa de Avalos weiter folgt, erreicht nach zwei Kilometern einen Wendeplatz. Von hier fällt der Blick auf ein weißes **Wallfahrtskirchlein** in ca. einem Kilometer Entfernung. Zu Fuß erreicht man es auf einer spektakulären Klippenpiste. Da diese steinschlaggefährdet ist, wurde landeinwärts ein ausgeschilderter Wanderweg angelegt – er startet an der Straße kurz vor dem Wendeplatz.

Als La Gomeras Fischer ihrer Schutzpatronin 1542 eine Kapelle errichteten, wählten sie eine landschaftlich eindrucksvolle Stelle: Das Gotteshaus entstand in der Einsam-

keit des zum Meer sanft abfallenden Kaps Punta Llana mit direktem Blick zum Teide auf Teneriffa. Im Laufe der Jahrhunderte brachten die Familien der Fischer viele Votivgaben in die Kirche – als Dank für überstandene Gefahren auf See. Leider können diese nur **am 1. Sonntag jeden Monats** besichtigt werden, wenn um 12.30 Uhr die schwere Holztür zur Messe geöffnet wird – allerdings auch dies nur bei gutem Wetter. Alle fünf Jahre im Oktober, das nächste Mal 2018, ist die Ermita Schauplatz des größten Inselfestes. Dann wird die Madonnenstatue in einer Prozession zu Wasser gelassen und auf einem mit Wimpeln geschmückten Boot in die Hauptstadt gebracht.

⑮ Barranco de la Villa ★★ [H4]

Fährt man von San Sebastián stadtauswärts und hält sich Richtung Chejelipes, gelangt man rasch in die „Schlucht hinter der Stadt". Sie ist üppig grün und wird von so vielen Quellen versorgt, dass hier mehrere **Stauseen** angelegt werden konnten. Stille, blumenumrankte Weiler liegen am Weg, so **El Langrero** mit dem Ausflugslokal La Cabaña, genannt „die Hütte".

In **Chejelipes** teilt sich die Schlucht: Rechts geht es in die unter Naturschutz stehende Schlucht Barranco de Aguajiva, wir aber halten uns links und erreichen bald das idyllische Dorf **La Laja** (11 km ab San Sebastián). Seinen Namen („glatter Fels") verdankt es dem steilwandigen Roque de Ojila (1170 m), der majestätisch über dem Dorf thront. In seinem Schatten ducken sich alte Bau-

◁ *Die geschützte Bucht Playa de Avalos ist gut für ein Bad*

Brand anno 1984 und 2012

1984 rückte Chejelipes in die internationalen Schlagzeilen, als sich in seiner Umgebung ein großer Brand entzündete. Bis zum Roque Agando dehnte er sich aus, 20 Menschen kamen bei den Löscharbeiten ums Leben.

In den Folgejahren war man in La Laja bemüht, weiteren Schaden von der Umwelt abzuwenden. Behutsam entwickelte man Konzepte für den Aufbau von Turismo Rural und begann, historische Häuser für Urlauber zu restaurieren, z. B. die Hacienda El Salvador (www.ruralgomera.es).

2012 kam es abermals zu einem großen Brand. Zwar waren diesmal keine Todesopfer zu beklagen, doch verwüstete das Feuer den Süden des Nationalparks, insgesamt ca. 8 % der Inselfläche. Dank regenreicher Winter war davon schon drei Jahre später kaum noch etwas zu sehen, überall sprießt und grünt es wieder.

ernhäuser. Orangenbäume und Palmen mit weit ausladenden Kronen sorgen für viel Grün. Allgegenwärtig ist das Gurgeln von Wasser, mit dem die sorgfältig angelegten Ackerterrassen gespeist werden.

Einen tollen Blick in die Schlucht hat man vom hoch angelegten **Mirador de Manaderos** an der von San Sebastián nach Hermigua führenden Straße GM-2 (s. S. 76).

⑯ El Cabrito ★★★ [H6]

Die unter Naturschutz stehende Schlucht liegt inmitten einer wild zerklüfteten Bergwelt etwa 8 km südwestlich von San Sebastián ❶. Zu Fuß ist sie in zwei Stunden erreichbar. In paradiesischer Einsamkeit floriert am Mündungsdelta des Barranco eine **Ferienanlage**, die vor allem betuchte, ökobewusste Gäste anlockt. In der ehemaligen Bananen-Hacienda übernachtet man in restaurierten Häusern der Plantagenarbeiter. Am 400 m langen Steinstrand kann man baden, auf Wunsch bringt ein Boot die Gäste in die Hauptstadt. Rings um das Anwesen blühen üppige Gärten, eine mehrere Hektar große Obstfinca versorgt die Besucher mit biologisch angebauten Bananen, Papayas und Mangos. Das Wasser kommt aus dem eigenen Staubecken und wird durch eine ausgeklügelte Kläranlage zur Bewässerung der Felder wiederverwendet. Angeboten werden Kurse von Malen bis Meditation, von Bodypainting bis Life-Balance-Training, von Botanik bis Zen-Wandern.

Interessant ist die **Geschichte des Orts:** Nach der Nuklearkatastrophe von Tschernobyl im Jahr 1986 ließen sich in der Schlucht mehrere Dutzend Mitglieder der AAO-Kommune (Aktionsanalytische Organisation) nieder, die von dem Wiener Happening-Künstler Otto Muehl angeführt wurde. Die Kommune, die ihren Reichtum aus weltweitem Aktien- und Immobilienbesitz bezog, schuf sich in El Cabrito ein fast autonomes Reich. Das Herrenhaus der Hacienda und die Unterkünfte der Bananenarbeiter wurden aufwendig renoviert, Star-Architekt Alfred Kraschnitz ent-

EXTRATIPP

Quer über die Insel

Landschaftliche Vielfalt auf engem Raum: Die **Autofahrt** verschafft einen ersten Überblick über La Gomeras Kontraste! In raschem Wechsel erlebt man von der Sonne versengte Hänge, dichte Wälder und tief eingeschnittene, von Monolithen gekrönte Schluchten. Die Strecke wird auch vom öffentlichen Bus (Linie 1) befahren.

Die Fahrt beginnt in der gemütlichen Inselhauptstadt **San Sebastián** ❶. Auf der gut ausgebauten, aber kurvenreichen GM–1 fährt man zur **Degollada de Peraza** 🔞 hinauf – mit einem spektakulären Ausblick auf das im Tal liegende Dorf La Laja. Bei Kilometerstein 16 ignoriert man die links nach Playa Santiago abzweigende Straße und erreicht am Felsmonolithen **Roque Agando** die Grenze zum Nationalpark. Von mehreren Aussichtspunkten *(Miradores)* eröffnet sich ein schöner Ausblick auf das Meer und die zerklüftete Bergwelt. Die Kreuzung **Pajarito** ist Startpunkt für gut markierte Wanderungen, beliebt ist der Weg auf den Gipfel des Garajonay und in den Lorbeerwald El Cedro (Wande-

rung 3, s. S. 90). Mit dem Auto folgt man der auch vom Linienbus befahrenen Zentralroute westwärts. Am **Mirador de Igualero** (s. S. 38) rückt die Fortaleza in den Blick, der sagenumwobene Festungsberg der Altkanarier. In weitem Bogen führt die Straße um ihn herum über **Chipude** 🔞 nach **El Cercado** 🔞, wo noch auf traditionelle Weise getöpfert wird. Vier Kilometer hinter El Cercado hält man sich links und fährt durch **Las Hayas** 🔞 nach **Arure** 🔞. Von dort geht es in unzähligen Kurven ins Valle Gran Rey hinab. Die Schönheit des Tals lässt sich am besten vom **Mirador del Palmarejo** 🔞 genießen: Die Steilhänge der Schlucht sind von unten nach oben terrassiert, in schwindelnder Höhe wachsen Obst und Gemüse, dazwischen immer wieder Dattelpalmen. Nach wenigen Minuten ist **La Calera** 🔞, das alte Dorfzentrum des Tals, erreicht: Links führt die Straße zum Hafen Vueltas 🔞, rechts nach La Playa 🔞.

❯ **Fahrtzeit** ohne Pausen: 1 Std. 30 Min.
❯ **Länge:** ca. 50 Kilometer

warf das sogenannte „Fahrtenhaus", ein Mehrzweckgebäude. Abseits der Welt der „Normalos" wurde ein neues Leben erprobt – frei von besitzergreifenden Partnerbeziehungen. Doch das Experiment hatte keinen Bestand: 1988 beschuldigten ausgestiegene Kommunarden Otto Muehl, er habe sich als Sex-Guru aufgespielt und ein Regiment psychologischen Terrors errichtet. Ihre Vorwürfe mündeten 1991 in eine gerichtliche Anklage: Wegen sexuellen Missbrauchs Minderjähriger wurde Muehl zu einer siebenjährigen Haftstrafe verurteilt. Die Kommune löste sich auf, an die Stelle einer Utopie trat ein alternatives (und profitträchtiges) Urlaubsdorado, geschaffen von ehemaligen Genossenschaftsmitgliedern.

› **Bio-Hotel El Cabrito** €€–€€€ ‹012›
Tel. 922145005, www.elcabrito.es, Buchung nur auf Wochenbasis

⑰ Monumento al Sagrado Corazón de Jesús ★ [H5]

Folgt man der GM–2 in Richtung Nationalpark, passiert man von San Sebastián aus nach knapp vier Kilometern ein steinernes Plateau: Dort startet eine anfangs gepflasterte Piste, die rasch schlechter wird und nach 700 Metern zu einer spektakulär postierten **Christusstatue** führt. Weit breitet der sieben Meter große Jesus seine Arme aus, als wolle er die Bucht der Hauptstadt segnen. Seine dramatische Gestik weckt Erinnerungen an ähnliche Figuren in Lissabon und Rio de Janeiro. Von der **Aussichtsterrasse** eröffnet sich ein grandioser Ausblick auf die Bucht von San Sebastián, das Meer und die Nachbarinsel Teneriffa.

▽ *Das Monumento al Sagrado Corazón de Jesús*

Der Süden

Das ganze Jahr über Sonne findet man nur im Süden, vor allem im Küstenort Playa Santiago, wo die geringste Niederschlagsmenge auf La Gomera gemessen wird. Die Berghänge sind schroff und versengt, bestenfalls bedeckt von blassgrünen Tabaiba- und Wolfsmilchgewächsen. Just hier entstand auf einer Klippe ein großes, von kanarischer Architektur inspiriertes Bungalowdorf und dahinter ein 18-Loch-Golfplatz. In den mittleren Höhenlagen leben die Einheimischen fast noch unter sich in hübschen, verschlafenen Dörfern wie Alajeró und Imada. Sie sind gute Ausgangspunkte für Wanderungen und bieten ländliche Unterkünfte in Casas Rurales.

⑱ Playa Santiago ★★ [F7]

Der von der Sonne begünstigte Ort liegt im Mündungsdelta zweier Barrancos („Schluchten"), die sich mit einem großen Lavastrand zum Meer öffnen. Flankiert wird er von hohen Klippen, die all jenen, die dort wohnen, herrliche Aussicht bis hinüber nach Teneriffa bieten. Unmittelbar vor den Toren des Städtchens liegt La Gomeras kleiner **Flughafen** – die wenigen hier landenden und startenden Flieger sind eher eine Attraktion denn ein Ärgernis.

Playa Santiago ist die **Urlaubsalternative zum Valle Gran Rey** ⑳, denn es verfügt über stabiles Wetter und mehrere Strände, gute Unterkünfte und Lokale. Allerdings ist der Ort bedeutend kleiner und ruhiger als das „Valle", sodass es passieren kann, dass man sich bald nach Abwechslung sehnt. Tagesausflüglern hat Playa Santiago eher wenig zu bieten –

Sehenswürdigkeiten
- ⑲ La Playa (Playa Santiago)
- ⑳ Laguna
- ㉑ Tecina

0   200 m

© REISE KNOW-HOW 2016

San Sebastián **1**

Playa de Tapahuga,
Playa del Medio,
Playa de Chinguarime

Laguna

20

Tecina Golf
4

Ayuntamiento

Iglesia de Santiago Ápostol

21 **Tecina**

2

Guardia
Civil

Carretera Local

3

B
X   P

5

6

Playa de Santiago

San Sebastián **1** (geplant)

Los Órganos/Valle Gran Rey

Übernachtung		**Gastronomie/**	**Einkaufen/Sonstiges**
1	Bellavista	**Nachtleben**	6 Gomera Jewels
2	Mari Carmen	3 Tagoror	8 Oficina de Turismo
5	Hotel Jardín Tecina	7 La Chalana	(Touristeninformation)
4	La Gaviota	10 Casanova	
		11 Los Castaños	
		12 La Marea	**Aktiv**
		13 Bodegón del Mar	4 Tecina Golf
		15 Junonia	9 Gomera en Moto
		16 La Cuevita	

022igas

die meisten begnügen sich mit einem Fischmahl an der Promenade und ziehen bald wieder ab.

Playa Santiago besteht aus vier verschiedenen, durch Felszungen getrennten **Siedlungen:** La Playa und Laguna, Tecina und Trincheras. Die beiden Ersteren sind Anlaufadressen für Individualurlauber, nach Tecina reisen Pauschaltouristen, die die Abgeschiedenheit eines Komforthotels mit Klubatmosphäre suchen. In Las Trincheras wohnen vor allem Einheimische und Residenten.

⑲ La Playa (Playa Santiago) ★★   [F7]

Die Hafensiedlung La Playa bildet den **traditionellen Ortskern.** In den letzten Jahren erhielt dieser ein modernes Gesicht mit Gesundheits- und Kulturzentrum, Bank, Post und Wohnblock. Zum Glück wenig verändert hat sich an der **Plaza del Carmen,** wo ältere *Señores* wie eh und je ihre Siesta unterm Lorbeerbaum verdösen. Die Plaza ist Teil der den Strand säumenden **Uferpromenade,** an der sich Bars und Terrassenrestaurants reihen. Auf der Uferpromenade kommt man, vorbei an der in den Fels gebauten **Ermita de Carmen,** der Kapelle zu Ehren der Schutzheiligen der Fischer, in den Hafen. Dort sind Boote vertäut und Reusen und Netze zum Trocknen ausgelegt.

⑳ Laguna ★   [F7]

Östlich des Strands liegt Laguna mit seinen verblichenen Herrenhäusern, ausgedehnten Bananenplantagen und einem altertümlichen Tante-Emma-Laden. Sympathische Unterkünfte entdeckt man an zwei schmalen Fußgängergassen, die durch Treppen miteinander verbunden sind – ein idyllischer Flecken. Über dem Viertel thront die Mitte des 20. Jahrhunderts entstandene Jakobskapelle, die **Ermita de Santiago Ápostol.**

Nahe dem Tante-Emma-Laden startet ein steil angelegter Fußgängerweg hinauf nach Tecina ㉑ – er kürzt mehrere Straßenkehren ab und bietet obendrein eine schöne Aussicht!

㉑ Tecina ★★   [F7]

In vielen Kurven windet sich eine Straße zum Bergrücken von **Tecina** hinauf, wo ein großer Parkplatz den Zugang zu einer gänzlich anderen Welt markiert. Seit hier 1987 das **Hotel Jardín Tecina** (s. S. 32) eröffnet wurde, träumen die Bewohner von Playa Santiago davon, in dem Viersternehaus als Putzfrau, Koch oder Portier arbeiten zu dürfen. Überall glänzt polierter Naturstein, ein fantastisch üppiger Garten lässt die Anlage inmitten der wüstenhaften Landschaft wie eine Oase erscheinen. Den Höhepunkt bildet die fantasievoll ge-

⌂ *Promenade und Strand am Jardín Tecina*

Vom Fischerdorf zum Resort

Die Geschichte von Playa Santiago reicht in die Mitte des 19. Jahrhunderts zurück. Als der Teide, mit knapp 4000 Metern höchster Vulkan Teneriffas, wieder einmal aktiv war und glühende Lava ausspie, retteten sich mehrere Familien in ihre Boote und ließen sich zur Nachbarinsel La Gomera hinübertreiben. An der Südküste, am Strand von Santiago, fanden sie eine neue Heimstatt. Sie lebten in Hütten und Höhlen und ernährten sich vorwiegend durch Fischfang. 1923 kam ein erstes Mal Bewegung ins Dorf.

Zwei findige Investoren, Rodríguez López und der Norweger Thomas Olsen, kauften das als wertlos erachtete Land und erwarben die Wasserrechte. Sie führten den Gomeros vor, dass man mit Kapital, Initiative und Knowhow selbst aus Ödnis einen blühenden Garten hervorzaubern kann. Mit Tiefbohrungen und dem Bau von Stauseen erschlossen sie das kostbare Nass, mit dem sich die neuen Tomaten- und Bananenplantagen bewässern ließen. In einer Fischfabrik wurden die Früchte des Meeres zu Konserven verarbeitet und nach Europa exportiert. Die Arbeitskräfte wurden in den umliegenden Ortschaften angeheuert, Santia-

gos Einwohnerzahl stieg auf fast 900 an.

Als 1978 der spanische Partner aus dem Geschäft ausstieg, übernahm Olsens Sohn Fred dessen Besitz und rückte zu La Gomeras wichtigstem Unternehmer auf. Er war auch der Hauptaktionär der Fähre „Ferry Gomera", der damals einzigen regelmäßigen Schiffsverbindung zur Außenwelt, und avancierte zum größten Landbesitzer der Insel. Stets verstand er es, sich neuen Entwicklungen geschickt anzupassen. Der zunehmend unrentable Anbau von Bananen wurde zurückgedrängt und stattdessen mit Exportgütern wie Avocados und Papayas experimentiert.

Der Bau des Hotels Tecina, an dem Fred Olsen die meisten Aktien besitzt, machte Santiago zum begehrten Urlaubsort für Pauschaltouristen. 2003 kam ein großer Golfplatz samt Feriensiedlung hinzu. Die Bewohner des Orts betrachten diese Entwicklung allerdings mit gemischten Gefühlen. Einerseits sind sie froh über jede sich bietende Verdienstquelle, andererseits wissen sie, dass ein großer Teil der Einnahmen aus dem Tourismusgeschäft an ihnen vorbeifließt.

staltete Poollandschaft: Die Gäste sitzen auf Unterwasser-Hockern rings um eine schwimmende Bar, schlürfen bunte Cocktails und genießen die Aussicht auf den Atlantik, der weit unter ihnen im Sonnenlicht flimmert. Mit einem in den Berg eingelassenen Lift gelangt man in Sekundenschnelle zum Meeresufer hinab, wo sich mit dem Club Laurel eine zweite Poollandschaft darbietet.

22 Las Trincheras ★ [F7]

Die auf der Südklippe Las Trincheras gelegene Urbanisation Santa Ana wurde als Ferienwohnsitz für sonnenhungrige Europäer geplant – mit Tennisplätzen, Gärten und Pools. Sie bietet einen **herrlichen Ausblick,** ist aber zu Fuß leider nur über einen steilen Treppenweg erreichbar. Alternativ führt die Straße in weitem Bogen dorthin.

Strände

Der mit groben Kieseln durchsetzte, dunkle Hauptstrand, die **Playa de Santiago,** ist durch zwei Molen sicherer geworden. Das Wasser wirkt trotz der Nähe des kleinen Hafens recht sauber, sodass gegen ein Bad nichts einzuwenden ist. Dank Ganzkörperdusche kann man sich das Salzwasser nach dem Bad vom Körper spülen.

Felsstein und Kies dominieren auch in den Buchten östlich des Orts: Über Tecina erreicht man die einsamen Lavastrände **Playa de Tapahuga** und **Playa del Medio.** Letzterer ist ein beliebter Nudisten-Treff.

Infos und Reisetipps

- ■ **Oficina de Turismo (Playa Santiago)** <013> Av. Marítima s/n, Ed. Las Vistas, Local 8, Playa, Tel. 922895650, www.lagomera.travel, Mo–Di 9–13.30, 16–18, Mi–Fr 9–14.45, Sa 9–13 Uhr
- ❯ **Bus:** Linie 3 fährt mehrmals täglich nach San Sebastián bzw. Alajeró, Linie 7 verbindet den Flughafen mit San Sebastián.
- ❯ **Taxi:** an der Plaza del Carmen und am Hotel Jardín Tecina.
- ❯ **Bootsausflüge:** Zweimal wöchentlich startet vormittags ein Schiff längs der Westküste zur Basaltwand bei Los Órganos (inkl. Badestopp und Essen) oder zum Whalewatching. „Tina", Tel. 922805885, www.excursiones-tina.com, ca. 45 € p. P.; „Yani", Mobil 639889122, www.excursionesyani.es.
- ■ **Gomera en Moto** <014> Av. Marítima 12, Tel. 922895438, www.gomeraenmoto.com. Auto-, Rad- und Vespa-Verleih.

Unterkünfte

- ■ **Hotel Jardín Tecina** €€€€ <015> Lomada de Tecina, Tel. 922145850, www.jardin-tecina.com. Ein Resort der schönen Art: Das an der Steilküste knapp 60 Meter über dem Meer thronende Viersterne-

hotel wartet mit so vielen Angeboten für Urlauber auf, dass diese das zugehörige Terrain während ihres Aufenthalts nur selten verlassen. Die zweistöckigen, in kanarischem Stil erbauten Reihenbungalows liegen inmitten eines großen Gartens mit Bougainvilleen, Weihnachtssternen, Hibisken und vielen weiteren Exoten. Von den fantasievoll angelegten Pools bietet sich ein weiter Ausblick aufs Meer. Zu den Gemeinschaftseinrichtungen des Hotels gehören mehrere Restaurants und eine Ladenzeile mit Internetecke, Boutiquen und Souvenirshops. Geboten wird ein umfangreiches Unterhaltungs- und Sportprogramm, abends gibt es Show, Disco und Livemusik. Auf fünf Flutlichtanlagen kann (gegen Gebühr) Tennis gespielt werden, daneben gibt es zwei Squashcourts, ein Fitnessstudio, ein Spa und eine Sauna. Im Hotel befindet sich auch eine Tauchschule. Die schönsten Zimmer liegen an der Calle Horizonte (Nr. 303–386): in erster Linie mit unverstelltem Meerblick. Gratis-WLAN.

- ■ **Bellavista** €€ <016> Calle Santa Ana 84, Laguna, Tel. 922895570, www.bellavistagomera.com. Kleine Apartmentanlage in Laguna de Santiago: ein freundliches, in kanarischem Stil erbautes Haus mit großen Terrassen und weitem Blick über Bananenplantagen aufs Meer. Die zwölf Apartments sind großzügig geschnitten und sauber.
- ■ **Mari Carmen** €€ <017> Calle Santa Ana 37, Tel. 922895249. Von Mari Carmen mit Schwung geführte Apartments in ruhiger Lage, teils mit Sonnenterrasse. Die Besitzerin spricht Englisch.
- ■ **La Gaviota** € <018> Av. Marítima 35, Tel. 922895135, www.pensionlagaviota.es. Zentral gelegene Pension an der Uferpromenade mit zehn freundlich eingerichteten, sauberen Zimmern. Alle verfügen über ein Bad, doch nur zwei haben direkten Meerblick.

Essen und Trinken

Alle empfohlenen Restaurants befinden sich in Playa an der Uferpromenade und bieten Terrassen, sodass man mit Meerblick speisen kann. In einem **Fischerort** stehen naturgemäß Fisch und Meeresfrüchte oben auf der Karte – ist die Flotte eingelaufen, landet der Fang sogleich frisch auf dem Teller!

■ **Junonia** €€ <019> Av. Marítima 53, Tel. 922895450, tgl. außer Di 9–23 Uhr. Sympathisches Fischlokal mit attraktiver Außenterrasse. Bei guter See fährt der Vater mit dem Boot hinaus und fängt Fisch, einige Stunden später bereitet ihn seine Frau für die Gäste zu. Empfehlenswert ist vor allem die große Fischplatte *(pescado variado),* dazu üppiger Salat und zum Abschluss – falls noch Platz ist – eines der hausgemachten Desserts.

■ **La Cuevita** €€ <020> Av. Marítima 60, Tel. 922895568, tgl. außer So 12–24 Uhr. Veronika verwandelte die „kleine Höhle" in ein gemütliches Restaurant. Stolz erzählt sie, dass schon „Señora Merkel" hier gegessen habe. Abends sind die Felswände in geheimnisvolles Licht getaucht. Die Qualität des Essens entspricht dem gepflegten Ambiente: frischer Fisch, fein zubereitet.

■ **Bodegón del Mar** € <021> Av. Marítima 35, tgl. außer Di ab 8 Uhr. Ein und derselben Familie gehören die Bar und Pension La Gaviota. In der Bar bestellt man frisch gepressten Obstsaft und genehmigt sich eine Tapa.

■ **Casanova** € <022> Av. Marítima 6, Tel. 922895002. Einheimischen-Bar mit preiswerter Hausmannskost. Ältere Canarios spielen auf der überdachten Terrasse Domino.

■ **La Marea** €€ <023> Trasera Avenida Marítima, Mobil 620107712, tgl. außer So ab 19 Uhr. Das kleine, mit Keramik und Glas eingerichtete Lokal liegt an der parallel zur Meerespromenade verlaufenden Straße. Nicht nur Pizza wird angeboten, man versteht sich auch auf die Zubereitung von Fisch!

■ **Los Castaños** € <024> Av Marítima 20, Tel. 922895046, tgl. außer So 9–23 Uhr. An der Uferpromenade, in strategisch günstiger Lage, bietet Federico in hellem, freundlichem Ambiente frisch gepresste Säfte, Tapas und sehr gutes italienisches Eis – auf Wunsch auf der schattigen Terrasse.

■ **La Chalana** € <025> Playa, tgl. ab 12 Uhr. Improvisierte Strandbar zwischen Playa und Tecina-Klippe, gut für einen kühlen Drink und kanarische Hausmannskost. Auch ein „szeniger" Ort für den Abend.

■ **Tagoror** €€ <026> Tecina 97, Tel. 922895195, kein Ruhetag. Das Restaurant liegt gegenüber der Einfahrt zum Hotel Jardin Tecina. Es kann zwar nicht mit dem dortigen Essensangebot mithalten, doch die Atmosphäre ist entspannt und von der Terrasse hat man einen wunderbaren Blick auf Playa Santiago. Es gibt kanarische und internationale Gerichte, die Preise sind in Ordnung.

△ *Hoch über der Klippe – Restaurant im Hotel Jardín Tecina*

Höhlen-Rendezvous

Wenn man in trauter Zweisamkeit zum Sonnenuntergang in einer halboffe-nen Höhle speisen will, dann ist man in der **Cueva** des Club Laurel bestens aufgehoben. Kerzen sorgen für roman-tisches Licht und wenn man nach dem Menü müde geworden ist, kann man es sich auf einem Chill-out-Bett bequem machen. Serviert wird ein festes Menü zu einem fürs Gebotene günstigen Festpreis (ca. 20 € p. P.), Reservierung über das Hotel Jardín Tecina (s. S. 32).

024lg-gs

Einkaufen

Im kleinen Supermarkt in La Pla-ya ⓲ bekommt man alles Wichtige. Souvenirshops befinden sich neben der Touristeninfo (s. S. 32) sowie im Hotel Jardín Tecina (s. S. 32).
■ **Gomera Jewels** <027> Playa. In einer gro-ßen ehemaligen Bananenverpackungs-halle am Strand stellen Gwen und Moty fantasievollen Schmuck her und verkau-fen ihn vor Ort. Jedes Stück ein Unikat!

Nachtleben

In Playa Santiago herrscht abends „tote Hose". Nur im Hotel Jardín Te-cina wird Unterhaltung geboten, an der auch Nicht-Hotelgäste teilnehmen können. Wie wäre es zuerst mit einem Cocktail in der gemütlichen Bar Kristi-na und dann der Besuch einer Show? Die Palette reicht von Musik über chi-nesische Akrobaten bis zu Flamenco (tägl. ab 20 Uhr, Eintritt auch für Nicht-Hotelgäste frei, freilich sollte man zu-mindest ein Getränk bestellen).

㉓ Barranco de Santiago ★★ [F6]

In der hinter dem Ort beginnenden Schlucht scheint die Zeit stehenge-blieben zu sein: Der karg abweisen-den Felslandschaft wurden Terras-senfelder abgetrotzt, im Barranco-Bett wiegt sich Bambusrohr im Wind. Nach drei Kilometern gabelt sich im Weiler **Taco** die Straße: Hält man sich links, kommt man nach **El Rumba-zo**, rechts in das malerisch auf einem Felssporn thronende **El Cabezo**. Hier, wie auch im idyllischen Nachbarwei-ler **Pastrana** (mit Bar), sind die meis-ten Bewohner fortgezogen, nur am Wochenende kehren sie zum Ort ih-rer Vorfahren zurück, um Orangen und Feigen zu ernten.

㉔ Alajeró ★★ [E6]

Das stille Dorf 10 km nordwestlichvon Playa Santiago liegt an einem Hang in 800 Meter Höhe. Die Gegend ist un-wegsam und trocken, die Felder, auf denen früher vor allem Getreide an-gebaut wurde, liegen weitgehend brach. Obwohl sich der wirtschaftliche Schwerpunkt längst nach Playa San-tiago ⓲ verschoben hat, bleibt Ala-jeró Sitz der Gemeindeverwaltung. Gepflegte Straßen, schmucke Häuser und ein schönes Rathaus künden von Wohlstand – und wie es scheint, ist die Einwohnerzahl nicht länger rück-läufig und bewegt sich heute um 300 „Seelen". Viele, die in Playa Santiago

Arbeit fanden, nutzen das dort verdiente Geld zum Erwerb eines kleinen Hauses in Alajeró, wo die Bodenpreise bedeutend niedriger sind als an der Küste. Auch Wanderer haben den Ort entdeckt. Sie quartieren sich gern in einem der Landhäuser ein (z. B. in der Casa Don Benjamin, buchbar über www.turismoruralgomera.com) und treffen sich in der Bar La Alegría.

Alajeró hat mehrere Sehenswürdigkeiten. Bereits 1512 entstand die monumentale Pfarrkirche **Iglesia de El Salvador** mit einem steinverkleideten Glockenturm. Den besten Ausblick auf die Südküste, bei klarer Sicht gar bis zur Nachbarinsel El Hierro, genießt man von der **Ermita de San Isidro** auf dem 807 Meter hohen Roque Calvario. Den „Kalvarienberg", bereits zu Zeiten der Altkanarier ein Heiligtum, erreicht man auf einem gut ausgebauten, mäßig ansteigenden Weg in etwa 20 Minuten.

△ *Alajeró: weiße Häuser und etwas Grün*

㉕ Drachenbaum von Agalan ★★★ [E5]

Ein jahrhundertealter, **von Mythen umrankter Drachenbaum** steht in einem einsam-verträumten Tal nördlich von Alajeró. Als Solitär behauptet er sich mit weit ausladender, majestätischer Krone zwischen Palmen- und Mandelbäumen. Erreichbar ist er nur zu Fuß auf einem vorbildlich angelegten Weg (Gehzeit: hin und zurück 50 Min.).

„Die Äste der Bäume sehen aus wie die Krallen von Ungeheuern, aus ihren wuchtigen Kronen schießen wie leckende Zungen lanzenförmige Blätter", so mögen phönizische Seefahrer erzählt haben, als sie nach langer Seefahrt auf dem Atlantik in heimische Mittelmeergefilde zurückkehrten. Antike Autoren haben ihre Erzählung ergänzt und fantastisch ausgeschmückt: Das seltsame Gewächs sei von Drachen gezeugt, berichteten sie, diese hätten mit ihrem Blut den Boden getränkt, dem die Pflanze entspross.

Doch auch den **Ureinwohnern** galt der Drachenbaum als etwas Besonderes. Sie waren der Meinung, in jedem Ast wohne die Seele eines Verstorbenen. Freilich hatte der Baum für sie auch praktischen Nutzen. Ritzten sie seine Rinde ein, trat ein farbloses Harz hervor, das sich beim Trocknen dunkelrot färbte. Mit dem so gewonnenen „Drachenblut" mumifizierten sie ihre Toten: Es bewahrte die Körper vor Verfall. Im Gepäck von Konquistadoren, Kaufleuten und Missionaren gelangte das „Drachenblut" nach **Europa**, wo es in der Medizin rasch Verbreitung fand. Äußerlich setzte man es gegen Narben und Geschwüre ein, innerlich gegen Durchfall und Ruhr; auch als Zahnpasta war es beliebt. Außerdem wurde es zum Versiegeln von Briefen und zum Imprägnieren von Holz verwendet. Die berühmten Florentiner Geigen sollen sich nur deshalb so gut erhalten haben, weil sie mit dem Harz des Drachenbaums eingerieben waren.

In jungen Jahren hat der Baum einen geraden, zylinderförmigen Stamm. Erst nach zehn bis fünfzehn Jahren, wenn er zum ersten Mal blüht, verzweigt sich der Stamm in mehrere Äste, die sich nach neuerlicher Blüte wieder vervielfachen – und dies immer so fort, bis der Drachenbaum jene majestätischen Krone ausgebildet hat, für die er so geliebt wird. Mit zunehmendem Alter verholzt die Rinde des **Drago** und reißt auf. An den Rissstellen bilden sich Luftwurzeln heraus, die vom Ast herabhängen und – wenn sie den Boden berühren – den Stamm als eine Art Krücke verstärken.

Übrigens gilt der Drachenbaum nicht als Baum, sondern als **Liliengewächs**. Deshalb fehlen ihm auch die Baumringe, mit deren Hilfe man sein Alter genauer bestimmen könnte. Botaniker gehen aber davon aus, dass die größten, bis knapp 20 Meter hohen Drago-Exemplare ein Alter von mehreren Hundert Jahren erreichen.

Auf den Kanaren sind wilde Drachenbäume rar – doch immerhin sieht man sie als Zierpflanze in Gärten. Auf La Gomera ist der Drago de Agalán das einzige wildlebende Exemplar und vermittelt eine Ahnung davon, wie die Landschaft vor der Conquista ausgesehen haben mag.

> **Wegbeschreibung:** An der GM-3, 200 m oberhalb des Straßenabzweigs nach Imada (Cruce de Imada), befindet sich eine namenlose **Aussichtsplattform.** Hier starten zwei Wege: Wir wählen den rechts abzweigenden, gepflasterten und von Seitenmäuerchen flankierten Paradeweg (Richtungsschild „Drago Centenario"). Nach wenigen Minuten wird ein Linksabzweig ignoriert, an der Gabelung 60 m weiter bietet sich ein kurzer Abstecher nach rechts zum **Mirador del Drago** an: Vom mit Geländer gesicherten Aussichtspunkt erhascht man einen ersten Blick auf den Baum. Anschließend kehrt man zur Gabelung zurück, hält sich nun rechts und steigt direkt zum **Drago de Agalán** hinab. Leider wurde er umzäunt – zu viele haben ihren Namenszug in der Rinde verewigen wollen. Auf gleichem Weg geht es zurück.

26 Ermita de Nuestra Señora del Buen Paso ★★ [E5]

3 Kilometer nördlich von Alajeró duckt sich unter einer alten Kiefer ein **schmuckes Kirchlein** zu Ehren „Unserer Lieben Frau des Guten Weges". Es stammt aus der Zeit, als es keine Straßen, sondern nur Königswege gab. Bauern legten hier eine Pause ein, bevor sie weiterzogen. Auch heute kann man hier verschnaufen und an den Holztischen mit Grillstellen gut picknicken. Eine gepflasterte Treppe führt von der Straße zur Kapelle hinauf, die einmal im Jahr, am 15. September, feierlich geöffnet wird. An diesem Tag wird die aus dem 16. Jahrhundert stammende, flämische Madonnenfigur nach Alajeró 24 getragen.

◁ *Weit verzweigte Kronen mit lanzenförmigen Blättern sind typisch für den Drachenbaum*

27 Imada ★★ [E5]

Das **malerische Dorf** inmitten eines weiten Felsrunds ist nur über eine schmale, zwei Kilometer lange Stichstraße erreichbar. Durch einen Spalt im Fels, einen sich zur Küste öffnenden Barranco, erahnt man das Meer. Wanderer stärken sich in der Bar Arcilia (Fr geschl.) mit Fruchtsaft und belegten Brötchen, bevor sie zu ihren Touren aufbrechen, z. B. dem vierstündigen Abstieg nach Playa Santiago (9 km). Demnächst soll in Imada ein Landhotel öffnen – aktuelle Unterkunftstipps bekommt man in der Bar Arcilia.

28 Benchijigua ★★ [F5]

Erreichbar ist der Weiler über eine vier Kilometer lange, von der GM-3 abzweigende Holperpiste. Das kleine **Palmendorf** liegt in 600 Meter Höhe am Fuß des Roque Agando und bietet einen schönen Ausblick in den zerklüfteten Canyon. Vor der Jahrtausendwende war es ein Geisterort, dann wurde es mit EU-Subventionen zu einem **Modellbeispiel für Turismo Rural:** ländliche Architektur fügte sich bruchlos in die ursprüngliche Natur ein. Neben dem Wallfahrtskirchlein wurden auch einige Häuser originalgetreu restauriert und komfortabel eingerichtet. Sie sind in Besitz des Olsen-Konzerns (s. Exkurs S. 31) – nicht umsonst heißt eine seiner Fähren „Benchijigua Express"! Doch der Rubel rollte nicht wie gewünscht: Da in der Abgeschiedenheit nur Wenige ihren Urlaub verbringen wollten, standen die Häuser oft leer, ihr Betrieb wurde eingestellt. Nun sind die Casas dem Verfall anheim gegeben – es sei denn, die EU macht weitere Mittel locker, um sie restaurieren zu lassen. Dennoch lohnt ein Ausflug nach Benchijigua, das aufgrund seiner einzigartigen Flora zum **Naturschutzgebiet** erklärt worden ist: **Brezal-Wald** zieht sich die Hänge hinab und bietet Lebensraum für Rebhühner und Kaninchen.

29 La Dama und La Rajita ★ [C6]

Das wohlhabende, aber nicht sonderlich attraktive Bauerndorf **La Dama** liegt im Südwesten der Insel. Mithilfe ausgeklügelter Bewässerungstech-

nik werden heute auf der trockenen Erde tropische Früchte für den Export angebaut. Früher stand La Dama im Schatten des Küstenortes **La Rajita**, wo die Firma Lloret y Llinares von 1928 bis 1984 Fischkonserven herstellte, die über eine Mole verschifft wurden. Lange Zeit gab es Pläne, hier ein großes Hotel zu bauen, doch wurden diese nicht verwirklicht. Heute ist La Rajita ein verlassenes Geisterdorf, nur einige Angler verirren sich hierher.

Gepfiffene Sprache

*Nahe dem Weiler Erque steht eine schmucke Kapelle und davor wurde ein Aussichtspunkt, der **Mirador de Igualero**, eingerichtet. Der Blick von hier über Schluchten hinweg zum Festungsberg La Fortaleza ist großartig. Kaum vorstellbar, dass man sich einst - lange bevor das Telefon erfunden wurde - mithilfe einer **Pfeifsprache** über diese weite Entfernung Nachrichten übermitteln konnte! Doch ebendies wurde oft praktiziert. In Erinnerung daran wurde am Aussichtspunkt die große Eisenskulptur „Monumento al Silbo Gomero" errichtet. Sie zeigt abstrahiert zwei zum Pfiff in den Mund geschobene Finger. Das Monument entstand 2009, als die UNESCO den **Silbo** zum Weltkulturerbe erklärte.*

Bei der Pfeifsprache („silbar" = pfeifen) handelt es sich um ein archaisches Hilfsmittel, um sich über Schluchten hinweg von einem Bergrücken zum nächsten verständigen zu können. Der Historiker Cioranescu war fasziniert: „Sie sprechen mit den Lippen, als hätten sie keine Zunge." Die Buchstaben der Worte werden in kurze und lange Pfiffe übersetzt, wobei helle (e, i) und

dunkle (a, o.u) Vokale sowie stimmlose und stimmhafte Konsonanten mit unterschiedlichen Pfeiftönen ausgedrückt werden. Auf diese Weise sind Kurzgespräche über konkrete Alltagsdinge möglich, deren Kontext es intuitiv zu erfassen gilt. Das kluge Nachrichtenübermittlungssystem ist wahrscheinlich von den altkanarischen Urbewohnern übernommen worden. Dass es bis weit ins 20. Jahrhundert lebendig blieb, versteht man, wenn man sich vor Augen führt, wie isoliert die Bauern und Hirten auf La Gomera lebten. Von betagten Dorfbewohnern erfährt man noch heute, dass sie nur selten mit den Leuten aus den Nachbarorten zusammenkamen, denn diese waren nur über schwindelerregende Ziegenpfade erreichbar.

Abgeschnitten waren sie auch vom technischen Fortschritt: Mit der Elektrizität wurden die Bergbewohner erst in den 1970er- und 1980er-Jahren vertraut gemacht, Telefonverbindungen sind noch jüngeren Datums. Unvorstellbar scheint es heute, dass einige Weiler erst 1997 an das Stromnetz angeschlossen wurden ...

Der Westen

㉚ Valle Gran Rey ★★★ [B5]

Das „Tal des Großen Königs" ist in eine dramatische Felslandschaft eingebettet. Zwischen schroff aufragenden Basaltwänden senkt es sich über sieben Kilometer zum Meer hinab. Dank wasserreicher Quellen zählt es zu den **fruchtbarsten Schluchten der Kanaren** und bietet saftiggrüne Terrassen, soweit das Auge reicht: Hier wachsen Dattelpalmen und Bananen, Avocados und Papayas, Mangos und Orangen. Aufgrund seiner Schönheit wurde das Tal schon früh von **Aussteigern** und **Hippies** entdeckt. Seit einigen Jahren kommen auch **Pauschalurlauber** hierher – auf der Suche nach Wärme und ein wenig Exotik. Die meisten Besucher bevorzugen das breite Mündungsdelta, wollen nahe am „Geschehen" sein und natürlich am Strand.

Mehrere **Ortsteile** sind zu unterscheiden: An den Nordhang schmiegt sich malerisch La Calera, das Gemeindezentrum von Valle Gran Rey. An der Küste liegen die Strandquartiere La Playa und La Puntilla sowie der Hafenort Vueltas. Ein kleines Stück landeinwärts hat sich Borbalán als umtriebiges Geschäftsviertel etabliert. Für Urlauber steht eine Fülle von Unterkünften bereit, dazu Lokale und Läden, Bike-Stationen und Wander-Agenturen. Bootstouren starten im Hafen, es gibt Yogakurse jedweder Art und selbst eine Spanisch-Sprachschule floriert!

㉛ La Calera ★★★ [B5]

La Calera ist der malerischste Ort der Insel. Über Gassen mit Kopfsteinflaster und steile Treppen führt der Weg aufwärts, und je höher man steigt, desto häufiger genießt man einen Ausblick auf die im Tal sich ausbreitenden Gärten und das dahinter aufscheinende Meer. Bougainvilleen ranken sich um die Fassaden, auf den Dachterrassen sonnen sich Hunde und Katzen. Außer einigen kleineren Apartmenthäusern gibt es in La Cale-

▽ *Blick auf La Calera*

La Calera

0 — 100 m ©Reise Know-How 2016

Übernachtung
2 Rivas
4 Jardin Concha

Gastronomie
1 Sebastián
3 El Mirador
5 Orquidea
8 Zumeria Carlos

Einkaufen/Sonstiges
6 Sprachschule I.D.E.A.
7 Guardia Civil (Polizei)
9 Mercadillo im Valle
10 Finca Ecológica Lomo del Riego

Centro Cultural

Gurona

La Cuestita de la

Calera

La Playa 32

Estación de Guaguas (Busbahnhof)
Plaza
Vueltas 35, Borbalán 34

---

ra eine große Zahl von Privatquartieren, dazu ein paar Läden, Bars und Restaurants. Wer hier Urlaub macht, liebt es, unter Einheimischen zu wohnen, huldigt der Ruhe und dem Müßiggang. Kaum einer begnügt sich hier mit nur einer Woche. In 15 Minuten erreicht man das Meer, beim Rathaus an der Plaza am Fuß des Viertels starten Busse und Taxis, um zu Ausflügen in die Berge aufzubrechen.

32 La Playa (Valle Gran Rey) ★★★ [B5]

Dieser Ortsteil liegt am Norden-de des Mündungsdeltas, wo sich oft ein dunkler Lavastrand herausbildet. Hier kann man sich sonnen und – im Schutz eines Felsarms – sicher in die Fluten steigen. So verwundert es nicht, dass in den 1960er-Jahren just hier der La-Gomera-Tourismus begann: Junge Wilde pilgerten zu der einzigen Pension weit und breit, der „Casa María". Auch als ihre von Palmwedeln überdeckte Terrasse abgerissen wurde, blieb sie einer der wichtigsten Treffpunkte für Traveller. Allabendlich stieg eine große Party: Erst wurde – mit einem Bier in der Hand – die rot untergehende Sonne beklatscht, dann traten Trommler, Feuerschlucker und Akrobaten in Aktion, angeheizt von begeisterten Zuschauern.

Heute ist La Playa das **touristische Zentrum des Tals.** Um das Strandende schmiegt sich eine Promenade mit Läden und Lokalen, dazu gibt es einige Apartmenthäuser mit traditionellen kanarischen Holzbalkonen. Die dahinterliegenden Straßen wirken weniger einladend, ein besonders abschreckendes Beispiel ist

La Playa

0 ──────── ca. 100 m ©Reise Know-How 2016

Playa del Inglés

1

Calle Playa del Inglés

2

3

4

El Tarajal

5

La Noria

8

6

7

10

11

9

La Playa / Paseo de las Palmeras

Boule-Bahn

ⁱ

B a d e s t r a n d

B

Calle Lepanto

La Calera 31

12

La Puntilla 33
Vueltas 35

Übernachtung
1 El Guirre
6 Aparthotel Playa Calera
9 Gomera Lounge
12 Casa Domingo

**Gastronomie/
Nachtleben**
2 El Baifo
3 La Islita
7 Colorado
10 Mango
11 Casa Benjamin

Sonstiges
5 Oficina de Turismo
   (Touristeninformation)
8 Kangorooh

Aktiv
4 Gomera Bikes

das in der Boom-Zeit ohne ästhetisches Gespür erbaute Edificio Playa María. Seit 2015 steht nun auch die „Casa María" zum Verkauf. Wer wird den Nachkommen Marías das meiste Geld bieten? Wird hier vielleicht gar ein Hochhaus entstehen? Und wird es zukünftig noch die abendlichen, an alte Hippie-Zeiten anknüpfenden Happenings geben?

③③ La Puntilla ★★ [B5]

Von La Playa führt eine – nach winterlichen Sturzfluten immer wieder weggerissene – Uferstraße in Richtung Hafen. Nach gut 500 Metern beginnt am Hotel Gran Rey das Viertel La Puntilla, das seinen Namen einem vorspringenden „kleinen Kap" verdankt. Hier beginnt eine Urlaubswelt eigener Art mit attraktiven, weitläufigeren **Apartmentanlagen**, die meist über einen Pool verfügen. Die Straße mit üppig gepflanzten Palmen nimmt den Charakter eines Boulevards an; mit Naturstein ausgelegte Bürgersteige unterstreichen das feine Ambiente. Vor dem Hotel Gran Rey, wo sich ein dunkler Sandstreifen herausbildet, kann man gut baden – selbst Gratisduschen sind vorhanden. Hauptattraktion von La Puntilla ist eine von Tamariskenhügeln eingerahmte, nicht sehr tiefe **Lagune**. Sie trägt den Namen **Charco del Conde** („Teich des Grafen") – ein Hinweis darauf, dass sich hier einst der Graf von La Gomera allmorgendlich erfrischte. Bei Besuchern hat sich längst der Name **Baby-Beach** durchgesetzt, da im seichten Wasser schon die Allerkleinsten gefahrlos planschen können.

> ☐ *Athletisch und gigantisch – Denkmal für Hautacuperche*

Wer war Hautacuperche?

Vor dem Hotel Gran Rey (s. S. 52) steht die monumentale, vier Meter hohe Figur eines Mannes; dem Meer zeigt er den Rücken, das Gesicht hat er dem Tal zugewandt. Mit seiner langen Mähne und dem Lendenschurz könnte er glatt als Hippie durchgehen, trüge er nicht einen Speer in der linken und eine Art Kelch in der rechten Hand. Sein athletisch-durchtrainierter Körper passt eher zu einem „Mr. La Gomera", der schon viele Bodybuilding-Kurse absolviert hat. Damit aber kein Zweifel an der Identität des Mannes aufkommt, hat Bildhauer Luis Arencibia 2007 mit großen Lettern in den Bronzesockel den Namen „Hautacuperche" gemeißelt und er hat die Figur nahe einer Stelle postiert, die als Baja de Secreto bekannt ist, was so viel heißt wie „Verschwörungsort". Jedes Schulkind auf La Gomera weiß, was es damit auf sich hat und natürlich auch, wer sich hinter dem schwer auszusprechenden Namen (ausgesprochen in etwa „Autacupertsche") verbirgt.

Es geschah am 20. November 1488. La Gomera war zwar zu diesem Zeitpunkt bereits vom kastilischen Konquistadoren-Clan Peraza erobert, doch dessen Herrschaft war immer noch brüchig. Die unterworfenen Gomeros planten, sich des verhassten Herrschers Hernán Peraza zu entledigen. Dazu bot sich, als sich dieser heimlich mit seiner Geliebten, der einheimischen Prinzessin Iballa traf, eine gute Gelegenheit. Hautacuperche, ein Verwandter Iballas, überraschte das Paar in einer Höhle und stieß Peraza einen Speer in die Brust – bis heute trägt die Stelle nahe San Sebastián den Namen Degollada de Peraza ⑥② (Peraza-

Pass). Die Ermordung des spanischen Herrschers war das Startsignal zum **Aufstand der Gomeros gegen ihre Besatzer.** Sie stürmten die Stadt, doch der Witwe des Ermordeten, **Beatriz de Bobadilla,** gelang es, sich samt Gefolge im Festungsturm Torre del Conde zu verbarrikadieren. Zuvor hatte sie es sogar noch geschafft, einen Hilferuf an den Gouverneur der frisch eroberten Insel Gran Canaria abzusetzen. Während sie im Turm auf Verstärkung aus Gran Canaria wartete, blieb sie mit den Ihren nicht untätig. So viele Belagerer wie möglich sollten getötet werden, um den aus Gran Canaria kommenden Truppen die Arbeit zu erleichtern. Mit Pech, Schwefel und Feuerwaffen wurde auf die Gomeros gezielt – viele, unter ihnen auch Hautacuperche, kamen ums Leben.

Pedro de Vera, der Gouverneur aus Gran Canaria, kam mit wenigen Soldaten, aber mit sechs großen Schiffen. Er besiegte die Belagerer, befreite Beatriz und ordnete dann auf ihren expliziten Wunsch hin ein grausames **Begräbnis** für ihren Gatten an. Die Witwe stellte allen Gomeros Straffreiheit in Aussicht, sofern sie sich zur Trauerfeier in der Kirche von San Sebastián versammelten. Viele Aufständische nahmen das Angebot an. Doch als sie sich in der Iglesia de Nuestra Señora de la Asunción einfanden, schnappte die Falle zu – umgehend wurde mit ihnen kurzer Prozess gemacht: Sämtliche Männer, die aus den Stämmen Orone (Valle Gran Rey) und Agana (Vallehermoso) stammten, wurden, sofern sie das Alter von 15 Jahren erreicht hatten, hingerichtet. Über 400 Frauen und Kinder wurden auf die wartenden Schiffe verschleppt und nach Spanien in die Sklaverei verkauft. Damit hatte sich die spanische Herrschaft endgültig auf der Insel etabliert: Es gab kaum noch Ureinwohner, die einen Aufstand hätten proben können.

sg.9l620

EXTRATIPP

Mercadillo im Valle

Am **Sonntag** verkaufen hier Kunsthandwerker aus dem Valle Schönes und Nützliches. Originell ist Schmuck aus Avocadokernen und dem „Skelett" von Kaktusblättern, aus recycelten Dosenöffnern und Lavagestein. Es gibt Kleidung aus handbemalten Stoffen, feine Lack- und Holzarbeiten und vieles mehr.

Auch Kulinaria und Kosmetika werden angeboten: Palmen- und Bienenhonig, Almogrote (Käseaufstrich) und Kaktusmarmelade, Aloe-vera-Creme und Naturöl.

■ **Mercadillo im Valle** <028>
hinter dem Busbahnhof
in Borbalán, Sonntag 9–14 Uhr

34 Borbalán ★★ [B5]

Lang ist es her, dass Borbalán ein winziger, verträumter Weiler war. Wo einst ein Bananenmeer wogte, verläuft heute eine breite, fast großstädtisch anmutende Straße, die La Calera mit dem 1,5 Kilometer entfernten Hafen Vueltas 35 verbindet. An der **Avenida El Llano** stehen Apartment-, Reihen- und Geschäftshäuser. Alle wichtigen Institutionen – vom Supermarkt über Apotheke und Ärztezentrum bis zur Post – ist hier versammelt.

Reste des alten, beschaulichen Borbalán entdeckt man noch hinter dem Restaurant El Palmar (s. S. 56): Da gibt es Palmen und Bananenstauden, dazwischen schöne Häuser in üppigem Grün – so sah es einst überall im Valle aus!

Vueltas

0   ca. 100 m © REISE KNOW-HOW 2016

La Puntilla 33
La Playa 32

Av. del Llano

B

Calle Vueltas

Borbalán 34
La Calera 31

Vueltas
de
Puerto

1
2
3 4
Calle Abisinia
7 6 5
9

el
Av Maritima
P

Vueltas
Calle
8
10

Plaza del
Carmen 11
ii 12
Calle El Carmen

13

■ Übernachtung
1 Tambara-Olivier
8 Pensión Candelaria

**■ Gastronomie/
Nachtleben**
1 Tambara
3 Cacatúa
4 Bistro/Café der Anderen Art
5 Bar La Tasca
6 Abisinia
7 Cacatúa Terrassencafé
10 Café del Sol
11 TuYo
12 El Puerto
13 Cofradía de Pescadores
Nuestra Señora del Carmen

■ Aktiv
2 ÖkoTours
9 Oceano

Boots-
ausflüge

Puerto
⚓

Playa
de Vueltas

35 Vueltas ★★ [B5]

Die Struktur von Vueltas, dem Hafenviertel am Fuß hoher Klippen, wirkt etwas planlos. Hier hat man nicht die offiziellen Auflagen beachtet, wonach nur geordnet und zweistöckig zu bauen sei, stattdessen triumphierte Wildwuchs und ein jeder mauerte nach seiner Façon. Mit verkehrsberuhigten Straßen und punktuellen Verschönerungsmaßnahmen hat man in jüngster Zeit freilich einiges retten können.

Viele jüngere und jung gebliebene Urlauber kehren mit Lust Jahr für Jahr nach Vueltas zurück. Sie lieben das maritime Ambiente des Hafens mit aufgebockten Booten und einer „Genossenschaft der Fischer". Gleich daneben befindet sich die Kapelle zu Ehren ihrer Schutzpatronin, die **Ermita del Carmen**. Am kleinen pechschwarzen **Strand** ist das Wasser nicht unbedingt sauber, doch das nimmt man gern in Kauf, denn der Blick auf die Klippen ist grandios. Bei ruhiger See starten **Ausflugsboote** zu Whalewatching-Touren und fast jeder Urlauber ist einmal mit von der Partie.

Fisch- und Szene-Lokale gibt es in in Vueltas zuhauf, dazu eine nette **Einkaufszeile** und hangaufwärts idyllische Gassen mit von Blumen umrankten Häusern. Dabei ist alles so überschaubar, dass man sich mehrmals am Tag über den Weg läuft – die ideale Voraussetzung, um Kontakte zu knüpfen: Vormittags sieht man sich im Café der Anderen Art (s. S. 56), mittags am Strand und nachts in der Bar La Tasca (s. S. 58) oder im Cacatúa Terrassencafé (s. S. 56), wo gut aufgelegte Wirte die Zugereisten mit der kanarischen Szene vertraut machen. Und manch ein Urlauber lässt die Nacht mit Blick auf die im Mondlicht dümpelnden Fischerboote ausklingen …

36 Argaga ★★ [C5]

Über einen 15-minütigen Spaziergang am Fuß senkrechter Klippen (Vorsicht: Steinschlaggefahr!) ist die **Playa de Argaga** erreichbar. Die angrenzende Oase mit Avocado-, Papaya- und Mangobäumen steht im Kontrast zu den kahlen, von rötlichen Farbbändern durchzogenen Felswänden. Die hiesige **Finca** gehört seit 1987 einer ehemaligen **Bhagwan-Gruppe**, die sie nach der altkanarischen Ortsbezeichnung **Argayall** („Haus des Lichts") nennt. In ihrer Mitte befindet sich die 100 m² große, rundum verglaste Meditationshalle. Das ganze Jahr über werden an diesem Ort Ferienseminare und Workshops abgehalten. Zahlende Tagesgäste sind auf der Finca willkommen: Sie können **vegetarisch speisen** oder an Meditations- und Therapiekursen teilnehmen. Anmeldung per Mail, Telefon oder direkt vor Ort.

△ *Stillleben mit Booten*

Bootsausflüge: Whalewatching- und Küstentouren

Kein Inselbesuch ohne eine Fahrt aufs Meer: Bei ruhiger See starten vormittags im Hafen von Vueltas ③⑤ kleinere Schiffe zu mehrstündigen Törns, wahlweise zu den „Orgelklippen" oder zum Whalewatching. Es empfiehlt sich, die Fahrt nicht im Voraus zu buchen, sondern am Tag des geplanten Ausflugs zu prüfen, ob das Meer ruhig ist. Bei aufgewühlter See werden empfindliche, zur Seekrankheit neigende Personen den Trip nicht genießen! Die Tickets (35–45 € inkl. Essen) erhält man direkt am Schiff auf der Mole bzw. bei Océano (s. u., hier 40 € ohne Essen).

Orgelklippen – Los Órganos

Schon der Weg dorthin ist ein Abenteuer: Einzig per Boot ist das Naturmonument im Nordwesten der Insel erreichbar! Zuvor aber geht es die abweisend-schroffe Küste entlang, die wie die Mauer einer gigantischen, uneinnehmbaren Festung erscheint. Nur an wenigen Stellen, wo schmale Schluchten ins Meer münden, tun sich Öffnungen auf – so in Taguluche, wo eine kleine Mole an den früheren Bananentransport erinnert, und in Alojera, dessen Häuser vor grauen Basaltwänden hell aufscheinen. Tritt das Schiff am „Kap der Gefahr" (Punta del Peligro) aus dem Inselschatten heraus, wird die See rau. Wie gespreizte Finger ragen zwei Felsspitzen aus den Fluten, an die steilen Terrassen von Arguamul klammern sich schlanke Dattelpalmen. Wenig später kommt der Höhepunkt der Fahrt! Wie ein gigantisches Orgelwerk erheben sich Klippen aus den gischtsprühenden Fluten. Geformt sind sie aus einer Vielzahl schlanker, gleichmäßig auf verschiedenen Ebenen angeordneter Basaltsäulen – vor Millionen von Jahren hatte sich die Lava eines Vulkanschlots an die Erdoberfläche gedrängt und war bei ihrer Erkaltung zu vertikalen Säulen zusammengeschrumpft.

Am Ende des Ausflugs wird oft die Gelegenheit geboten, in einer einsamen Badebucht ins Wasser zu springen. Als windgeschützt erweisen sich in der Regel die einsamen Buchten von Cala Cantera oder La Rajita im Inselsüden.

❯ **Tina Excursiones,** Tel. 922805885, www.excursiones-tina.com
❯ **Speedy Adventure,** Mobil 608645226, www.speedy-gomera.com

Whalewatching-Touren

21 Wal- und Delfinarten tummeln sich zwischen La Gomera und Teneriffa, darunter Grindwale, Tümmler, Flecken- und Rauzahndelfine. Wer die Großsäuger einmal in freier Wildbahn erleben will, unternimmt eine von Oceano organisierte Tour, die vom deutschen Verein zum Schutz der Meeressäuger (www.m-e-e-r.de) mit dem Gütesiegel „blaues Boot" ausgezeichnet wurde: Die durchweg kleinen (max. 10 Pers.), von Biologen geführten Boote nähern sich den Tieren auf max. 60 Meter, sodass diese möglichst wenig gestört werden. Ein Teil des Ausflugspreises kommt der Walforschung zugute. Spritzwasserresistente Kleidung ist von Vorteil, auch sollte man vor der Fahrt nicht vergessen, die Toilette aufzusuchen!

■ **Oceano** <029> Calle Telémaco 7 (Eingang Calle Quema), Vueltas, Tel. 922805717, www.oceano-gomera.com, Bürozeiten 9.30–13/17–19 Uhr. Mit Dauerausstellung, Vorträgen und Filmen zu Walen und Delfinen sowie einem Meeresshop. Infos auch im Laden von „Capitano Claudio", dem Herausgeber des Valle-Boten, in der Calle del Puerto.

Auch das große **Glasbodenboot Yani** (mit Toiletten) startet zu Whalewatching-Touren.

❯ **Yani,** Mobiltel 639889122, www.excursionesyani.es

Nur fünf Gehminuten entfernt befindet sich der kleine Sandstrand **Playa de las Arenas,** im Szenejargon „Schweinebucht" genannt. Unter den Felshängen haben schon Generationen von Aussteigern genächtigt. Heute pilgern auch Normaltouristen hierher, um hüllenlos ein Bad zu nehmen.

> **Finca Argayall** €€ <030> Playa de Argaga, Tel. 922697008, www.argayall.com, Tagesbesucher: tgl. außer Di 10–13 Uhr. „Die Entfernung zum sogenannten normalen Leben", heißt es in der Eigen-Präsentation, „unterstützt sowohl die Gruppenleiter wie auch die Teilnehmer in ihrem Prozess." Auf dem Programm stehen u. a. „Shakti-Trance-Retreat" und „CranioSacral Training", „Achtsam mit Dir" und Yoga in allen Varianten.

Ein großes Schild „Tropischer Fruchtgarten Argaga" weist den Weg zur Finca Tropical, einer **Plantage,** wo man über 130 verschiedene **Obstarten** kennenlernen kann – darunter Exoten wie Kumquat, Tamarinde und die Kapstachelbeere. An zwei Tagen in der Woche besteht die Möglichkeit, an 90-minütigen, deutschsprachigen Führungen teilzunehmen. In ihrem Verlauf werden Früchte zum Probieren angeboten.

> **Finca Tropical** <031> Tel. 922697004, www.fruchtgarten.com, Di und Fr 10–15 Uhr (im Winter), 10–18 Uhr (im Sommer). Die letzte Führung beginnt eine Stunde vor Schließung, Preis: 9 €.

37 **Obertal (Valle Gran Rey)** ★★★ [C4]

Unmittelbar nach der Eroberung ließ der spanische Konquistador, der frisch gebackene „Graf von La Gomera" (Conde de la Gomera), das Obertal mit Einwanderern vom spanischen Festland besiedeln. Die Wei-

▱ *Terrassierte Flanken und viele Palmen im Obertal*

Vom Valle durch den Norden

Die Tour führt quer über die Insel und verbindet den Westen mit dem Norden: Ein Stück Lorbeerwald und tiefe Schluchten, eine traumhafte Küstenstraße im Norden und einige hübsche historische Orte erwarten einen auf dieser Strecke! Mit öffentlichem Bus ist die Tour nicht komplett realisierbar, die 13 km lange Etappe zwischen der Kreuzung Apartacaminos (GM–1/GM–2) und Vallehermoso wird nicht bedient – hier muss man trampen!

Man verlässt Valle Gran Rey **30** auf einer breiten, nordostwärts hinaufführenden Straße. Erste Zwischenstopps lohnen sich am **Mirador del Palmarejo 38** und in **Arure 39**, wo sich von der Ermita del Santo ein weiter Blick hinab nach Taguluche eröffnet. Kurzzeitig führt der Weg durch den Nationalpark Garajonay, dann vorbei an den Quellen **Chorros de Epina 43** abwärts nach **Vallehermoso 46**, einem intakten kanarischen Städtchen in einem weitläufigen Palmental. Auf den in die Steilhänge eingekerbten Terrassen gedeiht Wein, der in der Bodega Insular zu Wein gekeltert wird. Nach einem Abstecher bei Km 29,9 zum Besucherzentrum **Juego de Bolas 51** und dem **Mirador de Abrante 52** (mit großartiger Aussicht auf den Teide) kehrt man zur Nordstraße zurück und erreicht

Agulo 53, das mit seinen alten Häusern und kopfsteingepflasterten Gassen zu einem Bummel einlädt. Bei ruhiger See kann man sich im Meeresschwimmbecken an der **Playa de Hermigua** (s. S. 74) erfrischen oder an dem nur über eine unbefestigte Straße erreichbaren Strand La Caleta.

Die Hauptstraße führt durch das Tal von Hermigua aufwärts, schraubt sich in Kehren die Hänge empor und berührt zeitweilig den Lorbeerwald. Der 500 m lange Túnel de la Cumbre, der den zentralen Gebirgszug durchsticht, wirkt als markante Klimascheide: Im feuchten Norden gibt es üppige, wolkenverhangene Baumkronen, im Südosten Wolfsmilchgewächse und Agaven sowie von Sonnenlicht überflutete Hänge. Unmittelbar hinter dem Tunnel kann man vom **Mirador de Manaderos** (s. S. 76) einen Blick in zerklüftete Schluchten werfen. Der Weg führt dann in den Barranco de la Villa hinab, zur Rechten sieht man den Stausee Chejelipes, kurz darauf den Weiler Lomo Fragoso. Vorbei an wenig attraktiven Neubauten erreicht man das historische Zentrum von **San Sebastián 1** und macht in einem der vielen Lokale der Hauptstadt Rast.

❯ **Fahrtzeit** ohne Pausen: 2 Std.
❯ **Länge:** ca. 70 Kilometer

---

ler bekamen wohlklingende Namen wie El Hornillo („das Öfchen"), Los Descansadores („die Ruhenden") und Casa de la Seda („Seidenhaus"). Ringsum wurden **Terrassenfelder** in die Hänge geschlagen, die das Obertal wie ein Landschaftskunstwerk erscheinen lassen. Hier leben heute Gomeros und langjährige Residenten, meist Künstler und Kunsthandwerker – Urlauber sind aufgrund der Meeresferne und der kühleren Temperaturen eher selten anzutreffen.

Die wichtigste Sehenswürdigkeit ist die **Ermita de los Reyes**, ein 1515 errichtetes Kirchlein auf einer Esplanade mit schöner Aussicht, an der mehrere Wanderwege starten. Am Tag der Heiligen Drei Könige (6. Januar) findet hier eine große, ausgelassene Fiesta statt. Erreichbar ist die Ermita über einen fünfminütigen, an der Durchgangsstraße startenden Weg (100 m unterhalb der Bushaltestelle, schräg gegenüber der Werkstatt Autoservicio Miguel, ausgeschildert).

Strände

Im Valle Gran Rey gibt es mehrere Bademöglichkeiten. Von La Playa führt ein zehnminütiger Weg nordwärts zur **Playa del Inglés,** der gern von Freunden des FKK aufgesucht wird. Der dunkle und 200 Meter lange, von rötlichen Klippen umschlossene Kiessandstrand ist optisch das Highlight unter den Stränden des Valle, doch das Baden ist aufgrund scharfzackiger Unterwasserfelsen, starker Brandung und gefährlicher Strömungen nicht zu empfehlen. Man sollte sich hier mit einem Sonnenbad oder einer Plansch-Session am Ufer begnügen!

Gefahrlos baden kann man das ganze Jahr über am schwarzen Kiesstrand von **La Playa.** Noch besser steigt man vor dem Hotel Gran Rey in **La Puntilla** in die Fluten – nach dem Bad stehen dort Gratisduschen bereit. Wenige Gehminuten entfernt befindet sich der **Charco del Conde,** auch **Baby-Beach** genannt. Die seichte Lagune ist von Tamariskenhügeln eingerahmt und füllt sich mit jeder Flut mit Frischwasser – ein idealer Ort für die ganz Kleinen! Eine Alternative bietet die **Playa de Vueltas:** Der schwarze, 100 m lange Strand ist durch eine Mole vor Wind und Brandung geschützt, doch das Wasser ist aufgrund des nahen Hafens nicht das sauberste.

Liebhaber der FKK, die ganz unter sich sein wollen, müssen weite Strecken auf sich nehmen. Sie spazieren südwärts am Fuß der Klippen zu den wilden, windgeschützten Stränden **Playa de Argaga** und **Las Arenas** (alias **Schweinebucht**).

△ *Allabendliches Ritual in La Playa* **32**

Infos und Reisetipps

■ **Oficina de Turismo (La Playa)** ‹032›
Calle Lepanto s/n, Edificio Las Vistas (La Playa), Tel. 922805458, www.lagomera.travel, Mo–Sa 9–13.30 und 15.30–18, So 10–13 Uhr. Hier erhält man Ausflugstipps und die aktuellen Busfahrpläne. Eine weitere Infostelle befindet sich in La Calera ❸, Calle El Caidero 16/GM-1, Tel. 922805417, www.vallegranrey.es/turismo, Mo–Fr 8–15 Uhr.

❭ Viele Unterkünfte und Lokale bieten **Gratis-WLAN**, achten Sie auf das Schild „WiFi"!

■ **Sprachschule I.D.E.A.** ‹033›
Calle La Cuestita de La Calera 9, Tel. 922807183, www.spanish-course.com. Die Teilnahme an den Kursen wird als Bildungsurlaub anerkannt.

❭ **Bus:** Der Busbahnhof von Valle Gran Rey *(estación de guaguas)* wurde unterhalb von La Calera auf der Ostseite des Barrancos angelegt. Mehrere Busse fahren täglich nach San Sebastián (Linie 1) und zum Flughafen (Linie 6).

❭ **Taxi:** Der zentrale Taxistand befindet sich in La Calera an der GM-1 gegenüber dem Rathaus *(ayuntamiento)*.

Unterkünfte

Unterkünfte gibt es in allen Ortsteilen. Lokale Agenturen vermitteln Hotels, größere Anlagen und Einzelapartments sowie Wohnungen und Häuser im Obertal:

❭ **La Paloma:** www.gomera.de
❭ **Viajes Integrados:**
www.gomera-service.com

Vom Armenhaus zur Wohlstandsoase?

Seit Ende der 1960er-Jahre treibt es junge und jung gebliebene Mitteleuropäer – zumeist deutsche Großstadtkinder und Intellektuelle – dorthin, wo das Leben noch „schön und unverdorben" scheint: nach La Gomera. Für die Bewohner war die Ankunft der jungen Wilden anfangs schwer zu fassen. Sie verstanden nicht, warum die Fremden, die von einem befreiten Leben träumten, sich als Experimentierfeld für ihre Ideen ausgerechnet ihre Insel, das weltverlorene, zur Armut verurteilte La Gomera erkoren hatten.

*Das Volk der **Aussteiger** wurde von Jahr zu Jahr bunter. Die einen hatten Drogen im Gepäck, die anderen eine Vielzahl an Büchern: In La Calera schrieben sie ihre Diplomarbeiten, debattierten über das „Patriarchat" und die „Macht der Konzerne". Die Folgegeneration hatte bereits andere Ziele. Sie kam, um zu trommeln und zu meditieren, schätzte Bauchtanz und Massage.*

Alleinstehende Mütter entdeckten den Baby-Beach, berauschten sich am Vollmond und genossen gesunde Kost. Und vor allem Erleuchtung wurde gesucht: Bhagwan-Jünger kauften eine Bucht im Südwesten der Insel, die Muehl-Kommune entschied sich für den Südosten, wo sie zwecks Praktizierung freier Liebe einen Ministaat errichtete.

*Ab den 1990er-Jahren kamen auch **Normaltouristen** auf die Insel und machten der bunten Szene die Logenplätze streitig. Einige Alternative, besonders jene, die sich zu cleveren Unternehmern gemausert hatten, fanden das gut, denn Urlauber mit größerer Kaufkraft steigerten den Umsatz. Auch die **Bauunternehmer** durften sich freuen. Sie konnten dafür „sorgen", dass für die neuen Besucher bequeme Hotelbetten bereitgestellt wurden. Im Handumdrehen wurde Agrar- zu Bauland erklärt, die arbeitsintensiven Bananenplantagen wichen*

In La Calera

■ **Jardín Concha** €€-€€€ <034>
Calle del Contero/Calle Orquídea s/n,
Tel. 922806063, www.hotelconcha.net.
Das ockerfarbene Haus mit Holzbalkonen ist umgeben von üppigem Grün. Es
birgt neun kleine Doppelzimmer mit Bad,
die über Palmen und Bananenfelder hinweg einen Blick aufs Tal bieten.

■ **Rivas** €-€€ <035> Calle La Gurona 31,
Tel. 922805423, www.rivas-gomera.es.
Neben dem Restaurant Orquídea werden 6 gepflegte Apartments mit Balkon
und Meerblick vermietet. Die größeren
sind zweigeschossig. Señor Francisco
versorgt seine Gäste mit Obst, Wasser
und Wein – schriftliche Kommunika-
tion ist dank Susanne auch auf Deutsch
möglich!

In La Playa (Valle Gran Rey)

■ **Gomera Lounge** €€ <036> Paseo de las
Palmeras 9, Tel. 922805195, www.
gomeralounge.de. Das kleine, feine
Apartmenthaus liegt an der Promenade
und damit mitten „im Geschehen". Jedes
der zwölf attraktiven Apartments ent-
führt in ein anderes Land. So wird man
in „Afrika" von Löwenfresken empfan-
gen, in „Marokko" erinnert alles an 1001
Nacht, auf den „Kapverden" ist ein Holz-
boot Teil des Mobiliars. Einige Räume
bieten direkten, andere seitlichen Meerblick – oft ist ein Balkon mit Sofa dabei,
auf dem man gemütlich Siesta halten
kann. Der auf der Dachterrasse befind-
liche Wellnessbereich ist gegen Aufpreis buchbar. Weiterere Pluspunkte: die
beliebte Piano Bar im Erdgeschoss und

*Apartment- und Hotelanlagen. Das be-
nötigte Geld für den Ausbau der Infrastruktur stammte zum größten Teil
aus Fonds der Europäischen Gemeinschaft. Küstenstreifen wurden eingeeb-
net und Felsen gesprengt, damit breite
Straßen und Tunnel entstehen konnten. Nahe Playa Santiago, wo mehrere
große Barrancos (Schluchten) fächer-
artig „zusammenfließen", entstand
ein kleiner, luxuriöser **Flughafen** für
den interinsularen Verkehr - auch
dies mit den **Geldern der EU.** Weitere
beträchtliche Summen flossen in den
Ausbau des ländlichen Tourismus. Für
die Bergbewohner - vor allem aber für
die Wanderfreunde vom europäischen
Festland - wurden die jahrhunderteal-
ten Wege der Schaf- und Ziegenhirten
restauriert und verfallene Bauernhäuser in Landunterkünfte verwandelt.*

*Nicht alle Gomeros sind über die
touristische Entwicklung der Boom-
jahre glücklich. Öko-Gruppen halten
den Bau des Flughafens für unnötig,
die neuen Straßen, über die Tagestou-*

*risten aus Teneriffa und Kreuzfahrer
„einfallen", für überdimensioniert.
Durch die Lärm- und Schadstoffbelas-
tung sowie den Besucherstrom, klagen
Umweltschützer, würden die Lebens-
räume von Tieren und Pflanzen bedroht. Ihre Befürchtung: „Ein weiteres Paradies wird zu Grabe getragen".*

*Momentan verfügt die Insel über
8000 Touristenbetten. Die Finanz- und
Wirtschaftskrise ab 2008 hat die Entwicklung zu einem „Qualitätstourismus" mit Golfplätzen und Luxusher-
bergen blockiert, auch blieb die Inves-
titionslaune vieler Unternehmer durch
die Tatsache, dass sich immer noch
„hippiesk" aussehende Menschen,
Trommler und Feuerschlucker im Tal
tummeln, getrübt. Mit Überwindung
der Krise könnten freilich alte „Moder-
nisierungspläne" neu belebt werden -
und im Bemühen, sich Wählerstim-
men zu sichern, könnte das Argument,
der „Qualitätstourismus" verschaffe
den Gomeros gut bezahlte Arbeitsplät-
ze, abermals Befürworter finden.*

Gratis-WLAN im ganzen Haus. Über die Gomera Lounge werden auch weitere attraktive Apartments im Tal vermittelt.

■ **Aparthotel Playa Calera** €€€ <037> Calle Punta Calera 2, Tel. 922805779, www.hotelplayacalera.com. Modernes, großes Viersternehaus an der Promenade: 63 Studios mit kombiniertem Wohn-/Schlafraum, Kitchenette und Balkon. Alle haben Sat-TV und gebührenpflichtigen Internetzugang, aber nur teilweise Meerblick. Clou des Hauses ist der Dachpool mit Aussicht.

■ **El Guirre** €€ <038> Ctra. Playa del Inglés 11, Tel. 922805401, www.apartamentoselguirre.com. 16 Apartments mit Terrassen in einem stufenförmig gebauten Haus, von jedem genießt man einen herrlichen Blick auf den Garten oder das Meer. Die Rezeption ist täglich außer Sonntag von 9 bis 13 Uhr geöffnet. Es werden Fahrräder vermietet!

■ **Casa Domingo** €€ <039> Av. de la Calera 7, Tel. 922805131, www.casadomingo.es. Haus im Bananenfeld mit acht geräumigen Studios und Apartments. Die Gäste teilen sich zwei große Dachterrassen mit Hollywoodschaukel und Rundumblick.

In La Puntilla

❯ **Hotel Gran Rey** €€€ <040> Av. Marítima s/n, La Puntilla, Tel. 922805859, www.hotel-granrey.com. Valle Gran Reys Komforthotel bekommt beste Noten und direkt davor kann man in die Fluten springen. Alle Zimmer verfügen über Balkon, Klimaanlage, Sat-TV und Gratis-WLAN. Die Frage heißt: Aussicht auf das grüne, sich weit öffnende Tal oder Blick aufs Meer? Am schönsten sind die suitenähnlichen Räume mit verglaster Rundnische und Sitzecke. Wer lärmempfindlich ist, sollte die Talseite wählen – das Meer mit seinen starken Brechern hat schon manch einen Urlauber um den Schlaf gebracht. Das Frühstücksbüfett wird im Wintergarten auf dem „Oberdeck" eingenommen, wo sich auch der lange Pool befindet. Das Abendbüfett mit viel Salat und Fisch wird im Restaurant im Souterrain serviert – an diesem dürfen übrigens auch Nicht-Hotelgäste teilnehmen! Gutes Preis-Leistungs-Verhältnis!

❯ **Residencial El Conde** €€ <041> Av. Marítima 30, Tel. 922806125, www.residencialelconde.com. Mit kanarischen Architekturelementen im Villen-

stil attraktiv gestaltetes Apartmenthaus. Durch einen großen, mit umlaufenden Galerien geschmückten Innenhof mit Brunnen, Pflanzen und ausladender Freitreppe gelangt man in die Apartments – 28 an der Zahl. Auf der Panorama-Dachterrasse gibt es einen Pool. Ein besonders gepflegtes, 50 m² großes und gut ausgestattetes Apartment mit Bergblick bietet Alicia Lezcano (Mobil 629580861, forocanteras@gmail.com, Minimum: eine Woche).

❯ **Residencial El Llano** €€ <042> Calle El Pescuecito 1, Tel. 922805489, www.gomera.de/el_llano.html. Ruhige Anlage mit 46 Apartments (viel Sonne in A+B 21–22), die sich um einen schönen Innenhof mit Palmen und sauberem Pool gruppieren. Gratis-WLAN.

In Vueltas

■ **Tambara-Olivier** €€ <043> Tel. 922805832. Beste Option im Hafenviertel direkt über dem gleichnamigen Café. Alle Apartments verfügen über Balkone und Ausblick auf das in allen Blautönen schillernde Meer. Vor dem lauten Rauschen der Wellen schützt dickes Fensterglas. Die Familie vermietet 25 weitere, über Vueltas verstreute Apartments. Information im Restaurant Tambara (s. S. 55) oder, falls geschlossen, im Supermarkt Olivier.

■ **Pensión Candelaria** € <044> Calle Italia 18, Mobil 670805089, www.pensioncandelaria.de. Gepflegtes Haus in einer ruhigen, idyllischen Seitengasse am Hang mit zehn Apartments und Zimmern, alle geräumig und mit hellen Kiefernholzmöbeln.

◁ *Das Apartmenthaus Residencial El Conde in der Abendsonne*

In Borbalán

Beide Unterkünfte befinden sich im alten, beschaulichen Teil von Borbalán.

❯ **Finca La Roseta** €€ <045> Borbalán, Tel. 922805515, www.viajes-gran-rey. com. Die im kanarischen Villenstil attraktiv gestaltete Anlage grenzt an Bananenfelder und einen Palmenhain, die Apartments sind 40 bis 80 m² groß, haben Balkone und Ausblick ins Grüne.

❯ **Villa Aurora** €-€€ <046> Calle Borbalán 7-A, Tel. 922805053, www.apartamentosvillaaurora.com. Historisches Herrenhaus mit einfachen Pensionszimmern, daneben – weniger romantisch – eine kleine Ferienanlage mit Apartments für zwei bis fünf Personen mit Terrasse oder Balkon, Sonnenterrasse mit Pool.

Essen und Trinken

Nirgends auf der Insel kann man so abwechslungsreich essen wie im „Valle". Zur Wahl stehen Lokale von traditionell bis trendy, von deftig-gomerisch bis veggie-leicht. Vom Hafen fahren bei ruhiger See Fischer hinaus und sorgen dafür, dass mehrere gute Fischlokale florieren. Und für den kleinen Hunger gibt es Bistros und Cafés. Die größte Auswahl bieten La Playa und Vueltas.

In La Calera

■ **El Mirador** €€ <047> Calle de la Gurona 13, Tel. 922805086, tgl. außer Do ab 13 Uhr. Man sitzt auf der Terrasse mit Blick auf die Felswand und den Barranco, wartet geduldig auf das bestellte Gericht (fast alles ist hausgemacht!) und trinkt indes frisch gepressten Papaya- und Mango-Saft.

■ **Sebastián** €€ <048> Calle La Pista 17, Tel. 922805270, tgl. außer Sa 18–21 Uhr. Seit 1954 werden hier Traveller mit Paella (meist sonntags), pikantem Kaninchen und Thunfisch versorgt.

Die Zubereitung ist deftig-gomerisch, der Service ist es auch. Die Tische stehen in langer Reihe, sodass man leicht mit seinen Nachbarn in Kontakt kommt.

■ **Orquídea** €€ <049> Calle Orquídea 3, Tel. 922805181, tgl. außer Sa 10.30–13 und 17.30–23 Uhr. Von diesem Terrassenrestaurant, das bald verkauft werden könnte, genießt man einen grandiosen Blick hinunter ins Tal – am schönsten zum Sonnenuntergang! Dazu gibt es gomerische Hausmannskost und süffigen Landwein.

■ **Zumería Carlos** € <050> Calle El Caidero 18, tgl. außer So ab 9 Uhr. Die älteste Saftbar im Tal bietet frischgepresste Obstsäfte, köstliche Milkshakes und üppige Eisbecher. Von der kleinen Terrasse kann man das Treiben auf der Plaza de Calera gut beobachten.

In La Playa (Valle Gran Rey)

Für viele La-Gomera-Fans war dies eine traurige Nachricht: Die legendäre **Casa María**, Kultort über viele Jahrzehnte, wurde im Frühsommer 2015 geschlossen und steht zum Verkauf.

■ **Mango** €€ <051> Paseo de las Palmeras 2, Tel. 922805362, tgl. ab 11 Uhr. Mit schmiedeeisernen Möbeln und Pastellfarben freundlich gestaltetes Lokal an der Uferpromenade. In der halboffenen Küche wird fantasievoll variierte kanarische Küche serviert, z. B. Kressesuppe *(potaje de berros)* mit weißem Ziegenkäse und Eintopf *(puchero)* mit Gofio-Kugeln. Auch das Ziegenfleisch-Ragout *(carne de cabra)* schmeckt.

■ **Colorado** €€ <052> Calle La Noria s/n, Tel. 922806217, www.colorado-gomera. com, tgl. ab 12 Uhr. In zweiter Strandzeile muss man sich mehr anstrengen, deshalb gibt es bei Joachim und Sabine auf der stimmungsvollen Terrasse bzw. im mediterran gestylten Innenraum etwas aufwendigere Küche: Silberbarsch mit Senfsoße und Lendenfilet in

Madeira-Soße, argentinisches Steak und neuseeländisches Lamm sowie hinterher mallorquinischen Mandelkuchen.

■ **El Baifo** €€ <053> Ed. Normara, Tel. 922805775, tgl. außer Fr ab 19 Uhr. Im „Zicklein" gibt es täglich ein vegetarisches Menü. Der malaysische Koch tischt eine delikate Reistafel auf, gern auch ein chinesisches Fondue oder frische Austernpilze mit feinen Kräutern. Reservierung empfohlen.

■ **La Islita** €-€€ <054>, Calle Playa del Inglés 12, Edificio Normara, Tel. 922805500, tgl. außer So ab 18 Uhr. Sehr gute italienische Küche, hierher kommt man gern ein zweites Mal! Man kann drinnen und draußen sitzen. Familie Micchelini bietet Pizza mit dünner Kruste und sorgfältig präparierte Pasta, aber auch die Vorspeisen und Salate sowie die Fleischgerichte lohnen sich. Dazu gibt es erstklassige italienische Weine!

■ **Casa Benjamin** €-€€ <055> Av. de la Calera 1, Edificio Playa María, Tel. 922806284, tgl. außer Di 13–16 u. 18.30–22 Uhr. Die Location im Souterrain eines architektonisch misslungenen Strandbaus ist nicht die beste, doch das tut der Beliebtheit keinen Abbruch – abends füllen sich die gepflegten Außen- und Innenplätze rasch. Die Gäste genießen großzügige Portionen frischen Fisch, den sie in der Vitrine auswählen können. Tipp: *pulpo a la gallega*, zartes, warm serviertes Tintenfisch-Carpaccio auf Kartoffelscheiben, danach hausgemachte *leche asada* (wörtl. „gebackene Milch") beträufelt mit Palmhonig. Es gibt auch ein günstiges Menü!

In La Puntilla

❯ **Charco del Conde** €€ <056> Av. Marítima s/n, Tel. 922805403, tgl. außer So ab 10 Uhr. Schöne Lage am Baby Beach, dazu ehrliche gomerische Hausmannskost auf der Terrasse bzw. im grünen Innenhof.

❯ **Heladería La Crema** € <057> Av. Marítima s/n, Edificio Jardín del Conde, Tel. 922806115, tgl. ab 11, im Sommer ab 12 Uhr. Auf einer Miniterrasse ohne Ausblick wird hausgemachtes italienisches Eis serviert. Besonders lecker: Joghurt, Stracciatella, Mango, Banane und Maracuja.

In Vueltas

■ **TuYo** €€ <058> Calle del Puerto s/n, Tel. 922805299, www.tuyo-lagomera.com, tgl. ab 18.30 Uhr (Mai bis Sept. geschl.). „Food-Fusion asiatischer und mediterraner Küche" in stimmungsvollem, orientalisch inspiriertem Ambiente: Tuyet und Jorgos, aus deren Anfangsbuchstaben sich der Restaurantname zusammensetzt, verwenden – wenn immer möglich – Bio-Zutaten, die sie mit frischen Kräutern würzen. Versuchen sollte man „Fisch-Curry Goa" in Kokosmilch mit Koriander oder den langjährigen Klassiker: Thunfisch süß-pikant auf kreolische Art, abgeschmeckt mit Mango, Ananas und Chili.

■ **Abisinia** €€ <059> Calle Cuesta de Abisinia s/n, Tel. 922805893, tgl. außer So ab 18 Uhr. Kleines, gemütliches Terrassenlokal in einer ruhigen Gasse in Vueltas. Die Auswahl an gomerischen Speisen und Salaten ist klein, doch was geboten wird, ist frisch. Am Wochenende gibt es dazu oft gratis kleine Musik-Sessions mit Gitarre und Kastagnette.

■ **Tambara** €€ <060> Calle Telémaco 3, tgl. außer Mi ab 18 Uhr. Mi geschl. Schöner Treffpunkt zum Sonnenuntergang: Kaum dass man sich's versieht, verfliegen im Lokal „Zur Dattel" die Stunden. Bunte Keramikmosaiken und geschnitzte Holzmöbel, Küche und Musik entstammen „Tausend und einer Nacht" – von den begehrten Balkonplätzen gleitet der Blick über das in der Sonne glitzernde Meer. Die mediterrane Küche kann sich gleichfalls sehen lassen.

EXTRATIPP

Fisch im „El Puerto"

Ein Fischlokal, wie man es in einem Hafen erwartet: Trattoria-Ambiente in blau-weiß und frische Ware, die in großzügigen Portionen auf den Tisch kommt. Man kann sich den gewünschten Fisch in der Vitrine aussuchen, zudem wird den Gästen auf einer Tafel mit Bild und Namen gezeigt, welches Meeresgetier sie essen werden. Als Beilage gibt es wahlweise Runzelkartoffeln mit Mojo-Soße oder hausgemachte, knusprige Pommes. Auch bei den Desserts „nach Großmutters Art" wird an guten Zutaten nicht gespart, probieren sollte man z. B. *flan* (Karamellpudding). Außerdem im Angebot: ein sehr günstiges und gutes Menü. freundlich-flotter Service!

■ **El Puerto** €–€€ <065> Calle Vueltas 1, Tel. 922805224, tgl. ab 12 Uhr

035lg-gs

■ **Bistro/Café der Anderen Art** [€] ‹061› Calle Vueltas 21, www.cafederanderen art.de, tgl. 9–24 Uhr, donnerstagvormittags geschl. Preisbewusste Gäste bestellen zum Frühstück einen *negro pequeño* und bekommen dafür einen Espresso mit einem Schluck Brandy und einem Keks. Andere bestellen Müsli, Joghurt, Avocadocreme, frisch gepressten O-Saft bzw. Sekt oder starten schon morgens mit hausgemachtem Kuchen. Dazu werden deutsche und spanische Zeitungen gelesen. Das Bistro ist eines der wenigen Cafés, die schon morgens am Neujahrstag geöffnet haben! Gratis-WLAN.

■ **Cacatúa Terrassencafé** [€] ‹062› Calle Telémaco 5, tgl. außer So, ab 10 Uhr. Neben der legendären, 1969 von amerikanischen Hippies als „Bar Crocodile" eröffneten Bar hat sich Cacatúa auch als Terrassencafé etabliert: mit guten Frühstücksgedecken, Tapas und Tagesgerichten.

■ **Café del Sol** [€] ‹063› Calle El Cantil s/n, Tel. 922806167, tgl. 9–23 Uhr. Bei Susanne und Sebastian gibt es vegetarisches Frühstück und jeden Tag ein neues Veggie-Gericht, hausgemachten Kuchen, frisch gepresste Obstsäfte und Shakes – vieles kommt aus eigenem Bio-Anbau. Mit Straßenterrasse und Gratis-Leihbibliothek, an vielen Abenden Lesungen und Konzerte.

■ **Cofradía de Pescadores Nuestra Señora del Carmen** [€] ‹064› Puerto, Tel. 922806119, tgl. 6–24 Uhr. Das Lokal der Fischergenossenschaft bietet Tapas, die man sich in der Vitrine aussuchen kann. An der Bar, an der viele Einheimische sitzen, herrscht lärmiggemütliches Ambiente, leiser ist es auf der Terrasse, wo man die einlaufenden Boote im Blick hat. Besonders schön ist es zum Sonnenuntergang, wenn die Felsen rot erglühen. Hin und wieder wird man vor der Cofradía Zeuge eines fantastischen Rituals: Ausgeworfene Fisch-

köder locken über einen Meter große Steinrochen (kanarisch: *chucho*, sprich: „tschutscho") an, die so nah herankommen, dass man sie streicheln kann.

In Borbalán

❯ **El Palmar** ^{€€} ‹066› Calle El Palmar 1, Tel. 922805332, tgl. außer So ab 12.30 Uhr. Gemütliches, traditionsreiches Restaurant, noch immer ein wenig versteckt in einem Bananenhain. Bei guter Laune zückt der Wirt nach 22 Uhr seine Gitarre und stimmt mit seinen Freunden gomerische Lieder an. Außer gomerischen gibt es internationale Klassiker, z. B. Schweinefilet in Cognac-Soße.

❯ **Coco Loco** ^{€€} ‹067› Calle La Palomera s/n, Tel. 922805938, www.elcocoloco. de. Das Garten- und Terrassenlokal liegt etwas versteckt hinter dem Kinderspielplatz von Borbalán. Mike und Jana, die Besitzer, strengen sich an, um die etwas abseitige Lage durch die Qualität der Gerichte wettzumachen. Gelobt wurde zuletzt der gegrillte Silberbarsch im Erdnussmantel mit Mangokräutersoße.

❯ **Churrería La Odisea** ‹068› Av. El Llano 31, Tel. 922805347. Einer der wenigen Orte im Valle, wo die Gomeros fast unter sich sind: Der Service ist flott, der Geräuschpegel hoch und eine Außenterrasse erlaubt das Sehen und Gesehenwerden. Stärken kann man sich mit *bocadillos* (belegten Brötchen) und *churros* (in Fett ausgebackenes Spritzgebäck), bei größerem Hunger greift man zu *pollo asado* (Grillhähnchen).

Einkaufen

In jedem Viertel findet man kleinere Supermärkte und – dank der vielen gesundheitsbewussten Gäste – auch Bio-Läden. Auch originelle Shops florieren: von ausgefallener Mode und Accessoires über Outdoor-Ausrüstung bis zu Kunsthandwerk. Die meisten Läden befinden sich in Vueltas. Eine Markthalle gibt es im Valle nicht, dafür aber einen stimmungsvollen Sonntagsmarkt (siehe Mercadillo im Valle, S. 44) und eine sehr gute Bio-Finca am Busbahnhof – die einzige zertifizierte im Valle Gran Rey.

■ **Finca Ecológica Lomo del Riego** <069> Mo–Fr 9–13, 16.30–19.30, Sa 9–13 Uhr. Ein pflanzenumranktes Zauntor führt in einen Gemüsegarten und zu einem urigen Laden. José Manuel Chinea verkauft Gemüse, Obst und frische Kräuter aus eigenem Anbau. Im Laden findet man eine große Auswahl an Bio-Lebensmitteln, Weinen und glutenfreien Produkten.

Nachtleben

Ein festes Ritual: Zum **Sonnenuntergang** trifft man sich am Strand von La Playa und genießt neben dem Naturspektakel Trommel-Sessions und Feuertänzer. Danach geht man essen oder spielt Boule am Strand – Flutlicht macht es möglich. Mehrere Lokale bieten Livekonzerte (z. B. die Piano Bar) – achten Sie auf ausliegende Handzettel!

> **Bodeguita del Medio** <070> Av. Marítima s/n, La Puntilla, Tel. 922805263, www. bodegita-gomera.com. In der Cocktailbar im Souterrain des Apartmenthauses Jardín del Conde lässt man gern den Tag ausklingen. Einmal in der Woche gibt es zudem Livemusik. Die Öffnungszeiten sind wenig berechenbar, auf der Website heißt es typisch gomerisch: „Hier ist auf, wenn auf ist … sonst nicht", aber die Erfahrung lehrt: Wenn man zwischen 20 und 2 Uhr vorbeischaut, hat man meist Glück!

■ **Cacatúa** <071> Calle Abisinia/Ecke Telémaco 5, Vueltas, tgl. außer So 21–2 Uhr. Legendärer Szenetreff – seit 1969 die angesagte Adresse mit langer Bar, mehreren kleinen Räumen und guter Stimmung! An ausgewählten Tagen gibt es Livemusik.

EXTRATIPP

Einkaufen in der Calle Abisinia und Umgebung

Die Fußgängergassen in **Vueltas** ③⑤ sind bestens mit Läden bestückt. Beginnen könnte man bei der sympathischen **Marie** in der Calle Telémaco 4: Die Französin, die auch gut Deutsch spricht, ist immer auf der Suche nach Mode in frischen Farben und ausgefallenem Design, stundenlang möchte man bei ihr stöbern und Schwätzchen halten. Vielleicht wird Marie bald schon umziehen in die Calle Abisinia – halten Sie Ausschau! Bei Larimar (Calle Telémaco 6) gibt es Gewebtes und Gestricktes und noch viel mehr aus Asien. Ausschließlich aus Afrika stammen die farbstarken Textilien und das archaische Kunsthandwerk im **Black Market** (Calle Abisina 11) – kein Nippes, alles Einzelstücke! Nebenan, bei **Anja's**, muss man für elegant-legere Mode etwas tiefer ins Portemonnaie greifen.

Seit Jahren die beste Adresse für Naturprodukte ist **Ansiria** (Calle Abisinia 7): mit Kleidung aus recycelten Materialien, Aloe Vera und Kosmetik sowie einem großen Sortiment an Vollkornbrot und Reformhauspasten, Honig und Marmelade, Kräutertees und vielem mehr.

Geht man von der Calle Abisina in Richtung Hafen, stößt man auf den Laden von **Capitano Claudio,** Herausgeber des von vielen geliebten, von anderen verschmähten „Valle-Boten" (s. S. 122). Außerdem gibt es bei ihm nautische Souvenirs, Muscheln, Haifischzähne und handgearbeitete Messer, aber auch Schnorchel, Flossen und Angelgerät.

Mehr als eine Piano Bar

In der halb chillig, halb fernöstlich inspirierten Lounge gibt es Kulturveranstaltungen aller Art, Ausstellungen, Filme und Diashows, Livekonzerte von Klassik über Jazz und Blues bis Folk, freitags „dance as much as you can". Manchmal werden auch interessante Filme gezeigt und Theateraufführungen dargeboten. Dazu genießt man ausgewählte Kaffee- und Teesorten, feine Cocktails und *Mojito de caña*, vor Ort aus Zuckerrohr gepressten Saft!

> **Piano Bar/Gomera Lounge**, im Apartmenthaus Gomera Lounge (s. S. 51), Kulturveranstaltungen abends bis 23 Uhr, So/Mo geschlossen

Früchte der Nacht

Bei Schummerlicht und Latino-Sound mixt Miguel Ángel erfrischende **Cocktails**, stets im Angebot sind Mojitos und Caipirinhas in klassischen und neuen Geschmacksvarianten. Aus typischen La-Gomera-Zutaten wie Palmhonig und Kräuterschuss entsteht „Tajaraste", aus Bananenlikör und O-Saft „Macaronesia". Alkoholfrei sind das spritzige „Frutopía" und das mildere „Tropical" aus Limetten, Maracuja und frischem O-Saft. Ist man mit Freunden unterwegs, bestellt man eine „Coctelera". Hierbei handelt es sich um einen Riesencocktail, der mit mehreren Gläschen serviert wird, auf dass alle Personen davon schlürfen können. Auch Gin gibt es in großer Auswahl. Exquisit ist die kanarische Sorte Macaronesian, die mit Nordic-Tonic bzw. Kardomon-Schweppes eine „trockene" Erfrischung bietet. Als hauseigene Erfindung empfiehlt sich „Postre de Pasión", die nur zur Erntezeit zwischen August und Dezember und nach Vorbestellung serviert wird: Maracuja-Früchte werden ein paar Stunden eingefroren, dann halbiert und das Fruchtfleisch mit Cointreau getränkt. Alsdann darf aus der Frucht gelöffelt werden – köstlich!

■ **Bar La Tasca** <072> Calle Cuesta de Abisinia 5 (Vueltas), www.barlatasca.com, tgl. außer So ab 20 Uhr

㊳ Mirador del Palmarejo ★★★ [C4]

César Manrique, ein berühmter Künstler aus Lanzarote, hat diesen **Aussichtspunkt** gestaltet. Er ließ sich vom ausgestorbenen Kanarenvogel Palmarejo inspirieren, der sein Nest in unzugänglichen Felsspalten versteckte.

So geschickt ist der Mirador in die Felslandschaft eingefügt, dass man ihn leicht übersieht. Der Gast „schwebt" über dem Abgrund und genießt einen herrlichen Blick auf das terrassierte Obertal von Valle Gran Rey. Im Innern des Gebäudes befinden sich ein (unregelmäßg geöffnetes) Restaurant und ein Café.

㊴ Arure ★★ [C3]

Während im „Valle" die Sonne scheint, kann das nur zwölf Kilometer entfernte Arure in Wolken gehüllt sein – das Klima hoch oben in den

Bergen ist rau. Mit Schindeln gedeckte Steinhäuser ducken sich im Schatten alter Eukalyptusbäume, auf den terrassierten Feldern des Hochtals wachsen Bananenstauden.

Vor der Conquista waren die fruchtbaren Auen am Rand des Lorbeerwalds dicht besiedelt, heute erinnert an die prähispanischen Bewohner nur noch der Ortsname: *Aruri* hieß in ihrer Sprache „das herrschaftliche Haus", und es darf vermutet werden, dass sich hier eine Residenz des Inselherrschers befand.

Das Dorf, dessen Einwohnerzahl in den letzten vier Jahrzehnten auf 300 schrumpfte, ist ein beliebter Ausgangs- und Zielpunkt für **Wanderungen.** Am Ortsausgang Richtung Valle Gran Rey lohnt ein Abstecher zum **Mirador Ermita del Santo,** einem der dramatischsten Aussichtspunkte der Insel. Neben einer Kapelle, die sich Schutz suchend an eine Felswand klammert, schaut man von den weiten, geschwungenen Terrassen des Mirador auf das 500 m tiefer liegende Dorf Taguluche hinab. Im Schatten üppiger Palmen kauern die hellen Bauernhäuser, am Horizont leuchtet das Meer. Wanderwege führen von hier nach Taguluche und – im ersten Teil als großartiger Panoramaweg – nach Alojera hinab.

Essen und Trinken

❯ **Casa Conchita** €€ ‹073› GM – 140, Tel. 922804110, tgl. 8 – 21 Uhr. Kleines Restaurant am nördlichen Ortsausgang, beliebter Treff von Wanderern und Reisegruppen. Man isst deftige Gemüsesuppe mit Gofio, dann vielleicht eine Portion Kaninchenfleisch, dazu trinkt man gomerischen Wein und zum Abschluss gibt es Ziegenkäse. Nebenan befindet sich ein kleiner Laden, in dem man viele Insel-Kulinaria bekommt.

Einkaufen

❯ **La Tienda Vino Tinto** ‹074› GM – 193, tgl. außer Fr 11 – 19 Uhr. Wein aus der hauseigenen Bodega (Marke „Viña Cheo"), dazu essbare Mitbringsel wie *almogrote* (pikanter Käseaufstrich), Palmhonig und exotische Konfitüren. Vor dem Kauf darf gekostet werden!

40 **Las Hayas** ★ [D4]

Das fruchtbare, häufig in Passatwolken gehüllte Dorf befindet sich zwischen Arure und El Cercado, 19 km nordöstlich des Valle Gran Rey. Die Häuser liegen im Schatten des Tafelbergs La Fortaleza und manch einer, der in Valle Gran Rey zu Geld gekommen ist, erwarb hier ein Landhaus. Vom kleinen Kirchplatz gewinnt man einen schönen Überblick über das 1000 m hoch gelegene Dorf und die es umgebende Hügellandschaft. Bei Gomeros erfreut sich das Restaurant **Amparo** eines guten Rufs, begehrt sind vor allem die Kressesuppe und am Wochenende das Ziegenfleisch aus eigener Schlachtung. Ausländische Wanderer schwören dagegen auf **Doña Efigenias** Restaurant (s. S. 60), in dem die betagte Dame ihre Gäste schon seit Jahrzehnten verköstigt. Wer Las Hayas als Wanderstandort wählen will, kann sich in Pensionszimmern von Amparo oder in den Landhäusern von Doña Efigenias einquartieren.

❯ **Amparo** €–€€ ‹075› Las Hayas, Tel. 922804201, tgl. ab 12 Uhr

41 **El Cercado** ★★ [D4]

Das Bauerndorf liegt an der Straße von Las Hayas nach Chipude, 24 km nordöstlich des Valle Gran Rey. In mehreren altertümlichen **Werkstätten** längs der Durchgangsstraße wer-

Veggie-Pionierin Doña Efigenia

Wer bei Efigenia, einer sympathischen, entwaffnend charmanten Señora, speisen will, muss viel Zeit mitbringen. Sie präsentiert typisch gomerische Kost, dies allerdings ohne Fleisch oder Fisch. Bei Bedarf eilt sie in ihren Garten hinaus, um das fehlende Kräutlein für den Eintopf zu pflücken. Jeden Tag – und dies seit Jahrzehnten – wird das gleiche Menü zubereitet: als Vorspeise Ziegenkäse mit Wein, anschließend Gofio mit pikanter Mojo-Soße zum Aufwärmen. Als Hauptmahlzeit kommt ein Gemüseeintopf auf den Tisch, dazu Salat mit Avocados, Tomaten und Gurken. Zum Schluss gibt es Mandelkuchen mit Palmenhonig oder Ziegenkäse und vielleicht auch Kaffee und selbstgemachten Orangenlikör. Zwar kann es im Lokal an Wintertagen etwas klamm sein, dafür hat man an den langgestreckten Tischen beste Kontaktmöglichkeiten!

> ❯ Casa Efigenia/La Montaña €€ <076>
>   Las Hayas, Tel. 922804077,
>   tgl. außer Mo 8–20 Uhr

Wer sich in den 200 m entfernten Casas Rurales Jardín de las Hayas einmietet, kann im Restaurant von Efigenia das Frühstück einnehmen.

> ❯ Casas Rurales Jardín de las Hayas €€
>   <077> Tel. 922804248,
>   www.efigenianatural.com

den ohne Zuhilfenahme einer Drehscheibe Krüge, Schalen und Becher getöpfert. Auf dem Dorfplatz (am Ortsausgang Richtung Chipude) wurde den Töpfern mit dem musealen **Keramikzentrum** ein Denkmal gesetzt (Centro de Interpretación Las Loceras, Plaza de El Cercado, Mi–So 10.30–17.30 Uhr, Eintritt frei). Von den vielen Besuchern, die einen Blick in die Keramikstuben werfen, profi-

tieren auch die beiden Dorfbars, die sich mittlerweile zu florierenden Gasthäusern gemausert haben. In der Bar Victoria (Tel. 922804146, Mi geschl.) gibt es nicht nur leckeres Kaninchen und Ziegenfleisch, sondern man kann hier auch Bienenhonig kaufen, der direkt vom Imker des Orts kommt. Nicht ganz so gemütlich isst man in der benachbarten Bar María (Tel. 922804167).

㊷ Chipude ★ [D4]

Mittelpunkt dieses Bergdorfs in über 1000 Meter Höhe ist der zentrale Platz mit einer Pension, Bars und der **Kirche Virgen de la Candelaria** (Lichtmess-Madonna). Der archaische, zweischiffige Bau aus dem Jahr 1540 mit wuchtigem Eingangsportal und holzverkleideter Decke birgt ein besonderes Kleinod: eine **Skulptur der Maria Lichtmess** mit goldbesticktem Purpurmantel. Alle Gomeros kennen sie, denn wer käme nicht zum größten Fest der Insel, das alljährlich am 15. August gefeiert wird! Auf dem Platz vor der Kirche (mit kleinem Pavillon) treten Musikgruppen auf, es wird die ganze Nacht getanzt und gezecht. Zur Sonntagsmesse wird die Kirche geöffnet, wer sie werktags besichtigen möchte, erkundige sich in der Bar Sonia, wo zurzeit der Schlüssel aufbewahrt wird.

Ein **Wanderweg** führt von Chipude über El Cercado nach Las Hayas und von dort weiter nach Arure oder direkt ins Valle Gran Rey. Auch der Auf-

▷ *Der Blick von Chorros de Epina Richtung Alojera* ㊺

Wie aus Lehm Kunst(handwerk) entsteht

Jedes Stück ein Unikat: Zwei Señoras, Rufina und María, haben in ihren Werkstätten in El Cercado **41** über Jahrzehnte die Töpfertradition aufrecht gehalten. Nun haben Sie das Zepter an die nächste Generation weitergegeben. Mit der bloßen Hand formen die Töpfer Krüge, Becher und Vasen sowie oft auch witzige Tonpfeifen in Tierform. Manchmal ritzen sie archaische Muster in den Ton. Diese, so versichern sie, stammten noch aus der Zeit ihrer altkanarischen Vorfahren. Anschließend wird die Keramik mit roter Erde eingerieben und an der Luft getrocknet, bevor sie in einem Steinofen zehn Stunden bei 800 Grad gebrannt wird. Das macht die Tonware sehr robust.

stieg zur südlich gelegenen Fortaleza bietet sich an: Der 1243 m hohe Tafelberg ist eine prähispanische Kultstätte, wahrscheinlich ein Versammlungsplatz gomerischer Fürsten und Priester. Wanderern bietet sich vom Gipfel ein prachtvoller Blick auf die Schlucht von Erque und den fruchtbaren Weiler La Dama (siehe Wanderung 2, S. 88).

Unterkunft/Essen und Trinken

› **Pension Sonia** €€ <078> La Plaza, Tel. 922804158, www.chipude.es. Bergunterkunft im Ortszentrum mit 19 einfachen Zimmern (auf Wunsch mit Öfchen). Alle haben ein Bad, einige Aussicht auf den Fels La Fortaleza. Im Restaurant gibt es typische La-Gomera-Kost, z. B. Kresseeintopf und *almogrote* (pikanter Käseaufstrich).

43 Chorros de Epina ★   [C2]

Der Flecken an der Straße nach Vallehermoso – 20 Kilometer nordöstlich des Valle Gran Rey – ist für sein Ausflugslokal bekannt. Wer am Fenster Platz findet, genießt einen schönen Blick auf das darunterliegende Epina, einen idyllischen, auf Terrassen angelegten Weiler. Aufgetischt wird gomerische Hausmannskost (Tel. 922800030, www.chorrosdeepina. com, tgl. 8–20 Uhr).

Das Restaurant ist Startpunkt für den zehnminütigen **Pilgertrip zu einer Kapelle** mit einem lauschigen Picknickplatz. Über Treppen steigt man hinab zu den **Quellen** (*chorro* bedeutet „Wasserstrahl"), von denen es heißt, sie könnten wahre Wunder wirken. Als Liebeselixier gilt die mittlere, als Heilmittel gegen bösen Hexenzauber die rechte Quelle.

Brujería

Aus Chipude stammte die legendäre **Doña Clotilde.** *Sie galt als hochge-schätzte „Hexe" (span. „bruja"). Mit ihrer Magie ersetzte sie häufig den Arzt, der weit weg in San Sebastián residierte und für die armen Bauern ohnehin zu teuer war. Doña Clotilde suchte auf unergründliche Weise den Körper des Kranken nach „leuchten-den Äuglein" ab, die sie alsbald mit feinen Nadelstichen traktierte. Auch kannte sie sich bestens mit Kräutern aus, die sie in Form eines Suds ver-abreichte. 1995 ist Doña Clotilde ge-storben, doch auch an anderen Or-ten wurde Hexerei zelebriert. In Ta-guluche, damals einem von der Au-ßenwelt fast abgeschnittenen Dorf im Inselwesten, wurde das Ritual des* **Zorroloco** *vollzogen: Dem Mann ei-ner gebärenden Frau wurde auferlegt, sich wie sie ins Bett zu legen und zu stöhnen, auf dass die unheilbrin-genden Geister verwirrt und vom Neugeborenen abgelenkt würden.*

Überall auf der Insel sah man auf-gespießte, über der Haustür ange-brachte **Eidechsen,** *die Unheil vom Haus abwenden sollten.* **Reisigbün-del** *sollten den bösen Blick des Nach-barn bannen …*

㊹ Taguluche ⭐ [B3]

Die meisten Besucher kennen das Dorf an der Westküste nur aus der Vogelperspektive: Vom Mirador Ermi-ta del Santo in Arure ㊴ schauen sie auf das 500 m tiefer liegende Tagu-luche hinab, das sich anmutig in ei-nem weiten, von Bergen umschlosse-nen Tal ausbreitet. Die weißen, pal-menumkränzten Häuser wirken zum

Greifen nah, doch kann man sie nur schwer erreichen. Bis vor einigen Jah-ren war es nur möglich, auf steilen Saumpfaden nach Taguluche hinab-zusteigen. Dann wurde ein Sträßlein gebaut, das sich von Chorros de Epi-na ㊸ in endlosen Kehren zum Dorf hinabwindet. **Schmucke Herrenhäu-ser** erinnern daran, dass Großgrund-besitzer hier einst ihre Sommerferien verbrachten. Ein Pfad führt zur 200 m tiefer gelegenen **Bootsanlegestelle** hinab, wo sich während der Sommer-monate ein schmaler dunkler Sand-strand herausbildet. Ein schöner Platz für ein Picknick ist der Platz vor der **Ermita de San Salvador.**

㊺ Alojera ⭐⭐⭐ [C2]

Das abgelegene Dorf präsentiert sich als Oase auf dem Grund der lang-gestreckten „Affenschlucht" (**Bar-ranco del Mono**). Sie ist über die von Chorros de Epina hinabführen-de, neun Kilometer lange Straße er-reichbar. Palmen mit „Steigbügeln" und Einkerbungen an der Rinde ver-raten, dass hier **Palmensaft** gezapft wird, den man zur Herstellung des le-ckeren „Miel de Palma" verwendet (s. S. 105). In der **Fábrica de Masapé** am Ortseingang wird er – nebst exoti-schen Marmeladen und Mojo-Soßen – angeboten (www.elmasape.es).

Fährt man am Kreisverkehr links hoch, kommt man ins Ortszentrum mit der obligatorischen **Kirche.** Hier bietet die Terrassenbar Ossorio Fisch und Kaninchen und es werden at-traktive Apartments und Ferienhäu-ser im Dorf und am Strand vermie-tet (sehr schön ist die Casa Sola, Tel. 922801166, www.alojera.net).

Hält man sich am genannten Krei-sel geradeaus, erreicht man nach gut drei Kilometern die halbrunde

Bucht **Playa de Alojera**. Sofern der Wind nicht von Nordwest bläst und die Brandung nicht zu stark ist, kann man am schmalen, dunkelsandigen und durch Wellenbrecher geschützten Strand in die Fluten steigen. Anschließend stärkt man sich im urigen Fischlokal Prisma (Tel. 922800703, die offiziell angegebene, leider nicht zuverlässige Öffnungszeit ist 13 bis 22 Uhr).

Wer ein Faible für total abgelegene Dörfer hat, folgt dem ausgeschilderten Abzweig oberhalb von Alojera und fährt auf holpriger Piste in die **Palmenoase Tazo**, die mit einer alten, aus der Zeit der Eroberung stammenden Ermita aufwartet. Von dort geht es weiter nach **Arguamul**: Wie Nester kleben die Gehöfte über der wild zerklüfteten Nordküste. Ein schmaler, am Ende gerölliger Pfad führt von Arguamul in 1 Std. 30 Minuten zum Meer hinab – kein Ort zum Baden, doch die Szenerie mit den von Atlantikwellen umspülten Felsinseln Los Roques ist grandios!

Der Norden

Der den Passatwolken zugewandte Norden ist üppig grün. Eine Rarität auf den Kanaren: Hier fließt ganzjährig ein wilder Bach und Stauseen bewahren das kostbare Nass. Jahrhundertelang war der fruchtbare Norden das landwirtschaftliche Zentrum La Gomeras und damit seine „Goldgrube". Noch heute bedecken Bananenanpflanzungen den Talgrund. Auf den Terrassenfeldern – den Bergen in mühsamer Arbeit abgerungen – gedeihen Papayas und Mangos, Avocados und Orangen. Ist Hermigua das wohlhabendste Städtchen des Nordens, so darf sich Agulo rühmen, das schönste zu sein. Einem Felsbalkon gleich hängt es über dem Meer, hoch über den Wogen des Atlantiks. Und nicht umsonst heißt der dritte Ort im Bunde Vallehermoso, das „schö-

△ *Nur bei ruhiger See kann man an der Playa Alojera baden*

039ip-as

ne Tal": Er liegt am Fuß eines Fels-giganten und hinter ihm versteckt sich ein idyllischer Stausee. Wer im Norden Urlaub macht, lebt unter Einheimischen und hat es nicht weit zu den Wanderungen im Nationalpark. Allerdings gibt es kaum Bademöglichkeiten und die Gastro-Szene ist eher klein.

46 Vallehermoso ★★★   **[D2]**

Früher war der Gemeindeort ein blühender Handelsflecken, heute ist er eher still und verschlafen. Vallehermoso heißt **„schönes Tal":** Er ist eine weitläufige Oase am Zusammenfluss mehrerer Barrancos, eingerahmt von hohen Felswänden. Im Osten erhebt

☐ *Bunte Häuser im „schönen Tal"*

sich der **Roque Cano**, ein 650 m hoher Monolith. Wie ein verwitterter Greis thront er über dem Tal.

Das Ortszentrum kündet von verflossenem Wohlstand: Die pastellfarbenen Häuser gruppieren sich um die kreisrunde **Plaza de la Constitución** mit Rathaus und Mini-Markthalle, Gesundheitszentrum, Bars und Pensionen. Von der Plaza gehen sternförmig vier Straßen aus: Die ostwärts weisende Carretera GM–1 verbindet Vallehermoso mit der Hauptstadt San Sebastián, die Calle Mayor, die Hauptstraße, führt nordwärts zur neugotischen Johanniskirche. Zwischen beide schiebt sich die Avenida Guillermo Ascanio Moreno, auf der man nach etwa drei Kilometern den Strand von Vallehermoso erreicht. Lebensnerv des Orts ist die südlich abzweigende Calle Triana mit Post und mehreren Läden – über sie gelangt man in das idyllische Obertal.

47 Obertal (Vallehermoso) ★★★ [D2]

Folgt man der vom Hotel Triana aufwärts führenden Straße, so erreicht man nach knapp einer halben Stunde Gehzeit den **Stausee Presa de la Encantadora** – wie der Name bereits andeutet, ein bezaubernder Flecken inmitten wilder Berglandschaft. Seine Ufer werden von Palmen gesäumt, auf einer vorgelagerten Insel hält die Figur eines stockbewehrten Ur-Gomeros einsame Wacht. Über die Staumauer gelangt man zur Ostseite, geht am Ufer entlang und stößt an einem restaurierten Landhaus wieder auf die Asphaltpiste. Talaufwärts kommt man nach weiteren 30 Minuten nach Los Loros, einem hübschen Dorf mit weißen, von Geranien geschmückten Häusern.

48 Untertal (Vallehermoso) ★★ [E1]

Ehrgeizige Projekte verfolgt der Bürgermeister der Stadt, doch wie zu befürchten ist, reichen die Gelder nicht aus, um sie zu vollenden. Auf halber Strecke zum Strand (nach ca. 1,5 km) wurde ein Botanischer Garten (**Jardín Botánico**) angelegt. Besucher sollten hier erfahren, wie sich die Pflanzenwelt der Kanaren nach der Conquista verändert hat: Anfangs dominierten Drachenbaum, Wolfsmilchgewächs und Lorbeer, später wurden Weihnachtssterne und Strelitzien, Bougainvilleen und Orchideen eingeführt. Heute ist der Garten verwildert, das attraktive Entree verfällt. Bei Km 2,9, fast schon an der Küste, startet ein ausgeschilderter **Wanderweg** zum Aussichtspunkt Buenavista. Von dort könnte man über den Bergrücken Chiguere und an der Kapelle Santa Clara vorbei nach Vallehermoso zurückkehren (4–5 Std. Gehzeit).

Am Strand, der **Playa de Vallehermoso**, sollte nach dem Willen der Lokalpolitiker ein moderner Badeort entstehen. Das Meeresschwimmbad konnte fertiggestellt werden, doch es ist nur im Sommer mit Wasser gefüllt – daneben öffnet eine Fast-Food-Bar. Im Winter hält die in einem Höhlenkapellchen stehende Virgen de Candelaria (Jungfrau Lichtmess) einsame Wache. Ein Schild verkündet, dass an dieser Stelle 21 Skelette von Ureinwohnern geborgen wurden.

Linkerhand erblickt man das **Castillo del Mar** (auch bekannt unter dem Namen „El Pescante"). Die auf einer Klippe gelegene Hafenanlage war von 1890 bis 1950 wichtiger Umschlagplatz für Bananen und andere Waren. 1957 zerstörte das Meer einen Teil der Burg, ihr weiteres Schicksal schien damit besiegelt. Doch der Fotograf Thomas Müller, der sich schon früh in die Ruine verliebt hatte, wollte sich mit ihrem Verfall nicht abfinden und startete zur Jahrtausendwende ein utopisches Bauprojekt. 2003 öffnete die „Meeresfestung" als Kulturzentrum. Legendäre Konzerte, Ausstellungen und Vollmond-Partys fanden hier statt, tagsüber kamen Touristen (unter ihnen auch Angela Merkel) und genossen das spektakuläre Ambiente auf der Terrasse. Doch schon nach wenigen Jahren musste Thomas das Castillo auf Druck des Küstenministeriums schließen. Dieses war nicht bereit, ihm die Lizenz für sein Projekt zu erteilen – z. B. blieb somit der Zugang zur öffentlichen Stromversorgung versperrt und die teuren Stromgeneratoren, derer sich Thomas ersatzweise bedient hatte, waren vom Salzwasser zerfressen. Das kanarische „Wochenblatt" sprach in diesem Zusammenhang von „Behördenwillkür". Wer Thomas kennt, weiß freilich: So schnell gibt sich dieser nicht geschlagen. Er setzte einen Fachanwalt und Gutachter vom Festland ein, kämpfte sich durch alle Instanzen. Nach sechs Jahren juristischen Streits durfte er frohlocken. Das Oberste Gericht in Madrid gab 2014 grünes Licht für die Wiedereröffnung und wies die Küstenverwaltung an, die Konzession (für 90 Jahre!) umgehend zu erteilen.

Inzwischen wurde die Zufahrtstraße zum Castillo von Geröll und Felsbrocken befreit und die Meeresfestung mit elektrischen Anlagen nach EU-Norm versehen. Auf der Website www.castillo-del-mar.com erfährt man Genaueres zur Wiedereröffnung und zu den kommenden Kulturevents – La-Gomera-Urlauber dürfen sich freuen!

Strände

Sicher baden kann man nur im Meerwasserpool an der **Playa de Vallehermoso.** Der schwarze Strand, von dicken Kieseln übersät, ist nur im Sommer belebt, wenn die See etwas ruhiger ist. Im Winterhalbjahr ist der Strand oft brandungsumtost, die Strömungen sind gefährlich.

Infos und Reisetipps

> **Oficina de Turismo (Vallehermoso)** <079> Plaza de la Constitución 1 (im Rathaus), Tel. 922800000, www.vallehermoso web.es, Mo–Fr 9–13 Uhr
> **Taxi:** an der zentralen Plaza, Tel. 922800279
> **Bus:** Von Vallehermoso fahren täglich zwei bis fünf Busse via Agulo und Hermigua nach San Sebastián (Fahrtdauer 1 Std. 15 Min.), zwei Busse fahren nach Alojera via Chorros de Epina (Fahrtdauer 45 Min.). Der Anschluss ins Valle Rey ist kompliziert: Ab Chorros de Epina geht es 3 km zu Fuß oder per Anhalter zur Kreuzung Apartacaminos (GM–1/GM–2) mit einer Haltestelle der Linie 1.

Unterkünfte

Vallehermoso ist mehr als nur ein Ausflugsziel und präsentiert sich mit seinen vielen Unterkünften auch als guter Ausgangspunkt für Wanderungen.

> **Añaterve** €€ <080> Calle La Rodadera s/n, Tel. 922800330, www.anaterve. com. Sympathisches Mini-Hotel in einem stattlichen Haus hoch über dem Städtchen. Schlicht-schönes Ambiente, freundliche holländische Besitzer und ein gutes Frühstück, das in Begleitung der Hauskatze neben einer historischen Weinpresse eingenommen wird. Am besten ist das geräumige, nur wenig teurere Apartment (max. 4 Pers.) mit Wohnküche und zwei Schlafzimmern. Der kojenartige Raum lässt Kinderträume aufleben.
> **Tamahuche** €€ <081> La Hoya 20, Tel. 922801176, www.hoteltamahuche. com. Schmuckes Landhotel fünf Gehminuten vom Zentrum. Im hundertjährigen Haus stehen zehn Zimmer zur Wahl, die mit dunklen Holzmöbeln und hellen Stoffen freundlich eingerichtet sind.

◁ *Die Playa de Vallehermoso*

> **Aparthotel Triana II** ^{€–€€} <082> Av. Guillermo Ascanio 17, Tel. 922801677. 18 geräumige Studios mit Sat-TV und Gratis-WLAN, gleich im Zentrum von Vallehermoso.

> **Casa Amaya** [€] <083> Plaza de la Constitución 5, Tel. 922800073. Oberhalb der Bar werden mehrere einfache und preiswerte Zimmer vermietet: mit gemeinsamem Bad auf dem Flur.

Essen und Trinken

> **El Carraca** ^{€–€€} <084> Calle Nueva Creación s/n, Tel. 922801021, http://tascarestauranteelcarraca.jimdo.com, tgl. außer Mo 8–22 Uhr. Juana María schwingt nahe der Kirche den Kochlöffel und bereitet kanarische Klassiker zu, die in gepflegtem rustikalen Ambiente genossen werden: z. B. gebeiztes Kaninchen, Thunfisch in Mandelsoße und zum Abschluss Mandelbällchen. Übrigens schmeckt hier auch der angebotene italienische Kaffee sehr gut! Mit kleiner Terrasse.

> **Agana** [€] <085> Av. Guillermo Ascanio 5, Tel. 922800843, tgl. außer Di 9.30–24 Uhr. Das rustikale Lokal bietet ein günstiges Menü und ist eine gute Adresse für Kressesuppe und Eintopfgerichte. Dazu trinkt man Landwein aus Vallehermoso.

> **Amaya** [€] <086> Plaza de la Constitución 5, Tel. 922800073, tgl. ab 7.30 Uhr. Wichtigster Treffpunkt von Vallehermoso, von früh bis spät gut besucht. Zum Frühstück gibt es Bocadillos, Tortillas und frisch gepressten Orangensaft, im Verlauf des Tages kann man zwischen Tapas und Tagesgerichten wählen.

Einkaufen

In einem kleinen Supermarkt im Ortszentrum kann man sich mit allem Wichtigen eindecken, in der Mini-Markthalle neben dem Rathaus gibt es eine kleine Auswahl an frischem Obst und Gemüse aus dem Tal. Und in der großen genossenschaftlichen Bodega Insular am Ortsausgang Richtung Agulo kann man Wein aus dem Norden kaufen (wenn nicht geöffnet ist, einfach klopfen!).

> **Casa Rafael Cordero** <087> Plaza de la Constitución 8, tgl. 9–17 Uhr. Ambiente wie anno dazumal: Im Laden von Señor Rafael stapeln sich Zigarren und Rumflaschen, Gläser mit Palmen- und Bienenhonig, Laibe aus Ziegenkäse, Maulbeerwein und gomerischer Schnaps. Dazu gibt es Musikinstrumente wie Kastagnetten und Trommeln.

㊾ Tamargada ★   [E2]

In diesem Dorf auf halber Strecke zwischen Agulo und Vallehermoso lohnt es sich, auf Fußwegen talabwärts zu steigen, wo alte Häuser im Schatten der Felsen kauern. Tamargada ist für seine **eigentümliche Bauform** bekannt: Im Schatten hoher Palmen stehen eingeschossige Häuser aus Naturstein, die im Baukastenprinzip zu einer Kette erweitert sind. Mündlicher Überlieferung zufolge soll der Weiler im 18. Jh. von Holländern gegründet worden sein, deren Schiff an den Klippen der Nordküste zerschellt war.

㊿ Las Rosas ★   [E2]

Ein paar Kilometer weiter auf der GM-2 kommt man nach Las Rosas. Wer hofft, hier Rosen zu sehen, wird allerdings enttäuscht, denn der Name des Weilers stammt vom spanischen Wort *las rozas* (= Rodungen). Auf den Terrassenfeldern wachsen Obst und Gemüse. Ältere Männer verständigen sich im traditionsbewussten Ort noch in der **Silbo-Sprache** (s. S. 38). Eine Kostprobe ihres Könnens geben sie während der Mittagszeit im Ausflugs-

lokal Las Rosas, wenn hier Tages-
auflügler aus Teneriffa „abgeladen"
werden. Als kulinarische Alternative
bietet sich die Casa Luis an, die sich
am Dorfplatz gegenüber der Kapelle
Ermita Santa Rosa de Lima befindet.
Manchmal brutzeln in Señor Luis' of-
fener Küche auch venezolanische
Spezialitäten.

> **Ausflugslokal Las Rosas** €€ <088>
GM-2 Km 30.8, Tel. 922800916,
tgl. 12–15 Uhr
> **Casa Luis** € <089> GM-2 Km 29,9, Tel.
922800779, tgl. außer So 10–22 Uhr

51 Juego de Bolas ★★★ [F2]

Zweigt man an der Casa Luis in Las
Rosas 50 (GM–2, Km 29,9) landeinwärts ab, kommt man nach ca. zwei
Kilometern zum **Besucherzentrum
des Nationalparks** 58 in Juego de
Bolas. Es liegt am Eingang zum Lorbeerwald an einer nach Laguna Grande 59 führenden Verbindungsstraße.
Im landestypisch erbauten Hauptge-
bäude wird man anhand von Schau-
bildern, maßstabsgetreuen Reliefmo-
dellen und eines 15-minütigen Films
(auch in deutscher Sprache) in die
Welt des **Lorbeerwalds** eingeführt.
Ganz nebenbei erfährt man Wissens-
wertes über das Klima und den vul-
kanischen Ursprung La Gomeras, die
Lebensgrundlage der Bewohner und
ihre Kultur. Die Ausschilderung ist auf
Spanisch, doch wird auf Wunsch am
Büchertisch ein deutschsprachiger
Führer ausgehändigt.

Lohnenswert ist auch ein Blick in
das benachbarte kleine **Museum**, in
dem in Originalgröße eine Bauern-
kate nachgestellt ist: Ein Fußboden
aus Erde, von Ruß geschwärzte Wän-
de und schlichte Holzmöbel veran-
schaulichen das einst karge Leben
der Gomeros. In den angeschlossenen Werkstätten hat man (neuer-
dings aber eher selten) die Möglichkeit, Frauen bei der Herstellung
traditioneller Handwerksarbeiten zu-
zuschauen. Immer in Betrieb ist die
Dulcería Idelina, in der die gleich-
mige Señora handgroße, leckere Kek-
se in zehn Geschmacksvarianten offeriert – schon der Duft lässt einem
das Wasser im Mund zusammenlaufen! Vor der Anlage wurde ein **botanischer Garten** angelegt, der mit den
wichtigsten Arten kanarischer Flora

vertraut macht. Großer Beliebtheit erfreuen sich die von der Naturschutzbehörde organisierten zwei- bis vierstündigen **Exkursionen in den Nationalpark,** die mittwochs und samstags stattfinden (10 Uhr, Startpunkt Laguna Grande). Wer teilnehmen möchte, sollte sich mindestens eine Woche im Voraus online anmelden.

❯ **Centro de Visitantes Juego de Bolas,** Carretera Las Rosas-La Palmita, tgl. außer Mo 9.30–16.30 Uhr, Eintritt frei. Film in der Regel stündlich, auch in deutscher Sprache, bis 15.30 Uhr. Anmeldung zu kostenlos geführten Wanderungen unter www.reservasparquesnacionales.es (Menü: „Garajonay").

Unterkunft

❯ **Casas del Chorro** €€ <090> Bajada Abrante, Barranco La Palmita s/n, buchbar über www.gomera.de/hermigua. htm. Oberhalb des Stausees La Palmita befinden sich sechs herrlich gelegene, geräumige und komfortable Landhäuser. Ringsum wuchert exotisches Grün, Hühner laufen frei umher und bei klarer Sicht blickt man übers Meer hinweg auf Teneriffas Teide. Anfahrt: Dem zwischen Besucherzentrum Juego de Bolas und Restaurant Tambor verlaufenden Sträßchen folgt man 2,3 km bis zu einer Gabelung: Links geht es zum Mirador de Abrante, rechts in 500 m zu den Casas Rurales (ausgeschildert).

Essen und Trinken

❯ **El Tambor** €€ <091> Juego de Bolas, Di–So 11–18 Uhr. Lohnt sich hauptsächlich für einen Drink auf der Terrasse mit ihrer schönen Aussicht.

◁ *Ein maßstabsgetreues 3-D-Modell vermittelt in Juego de Bolas eine Vorstellung vom Schluchtensystem Gomeras*

◠ *Speisen im Mirador de Abrante*

52 **Mirador de Abrante** ★★★ [F2]

Zwischen dem Besucherzentrum Juego de Bolas 51 und dem Restaurant Tambor startet die Straße „Carretera del Mirador/La Palmita" gen Norden. An der Gabelung nach 2,3 Kilometern hält man sich links und folgt der schmalen Asphaltpiste durch eine rötliche Felslandschaft. Nach 500 Metern, am Wendeplatz, erwartet den Besucher eine Überraschung: Hier, wo die Bergwand senkrecht in die Tiefe abstürzt, wurde ein **Aussichtspunkt** der besonderen Art geschaffen: Von einem avantgardistischen Betonbau spannt sich ein rundum verglaster Steg sieben Meter über die Abrante-Klippe, sodass man an seiner Spitze das Gefühl hat, **über dem Abgrund zu schweben.** Die drei Ortsteile von Agulo liegen einem zu Füßen wie eine ausgebreitete Landkarte, ringsum ein gewaltiges Felsrund. Als wäre dies noch nicht genug, „schwebt" jenseits des Meeresstrei-

fens am Horizont der Kegel des Teide – manchmal glänzt seine Spitze schneeweiß. Wenn man Lust hat, diesen Blick länger zu genießen, kann man im angeschlossenen Betonbau bzw. draußen auf der Terrasse **gute kanarische Küche** genießen. Auch wer nur auf Kaffee und Kuchen vorbeikommt, ist willkommen! Rings um den Mirador wurde kanarische Flora gepflanzt; ein ausgeschilderter Wanderweg führt längs der Steilwand in 45 Min. nach Agulo (53) hinab.

› **Mirador de Abrante,** tgl. 10–18 Uhr, Mobil 638661490. Möglichst die mittägliche „Stoßzeit" meiden, um den Mirador ungestört genießen zu können.
› **Restaurant Mirador de Abrante** €€, Küche 12–17 Uhr

(53) Agulo ★★★ [F2]

Das hübsche Gemeindestädtchen liegt zwischen Vallehermoso und Hermigua und wird in vielen Publikationen als das schönste der Insel gepriesen. Es duckt sich am Fuße einer steil aufragenden, halbkreisförmigen Felswand und lädt zu einem Bummel oder– dank mehrerer Unterkünfte – vielleicht auch zu einem längeren Aufenthalt ein. Sobald man die Durchgangsstraße verlässt, taucht man in eine **verträumte Welt** mit Kopfsteinpflastergassen und teilweise verwitterten, dicht aneinandergedrängten Häusern ein. Geschnitzte Holzbalkone und schmiedeeiserne Laternen künden vom ehemaligen Wohlstand der Bananenbarone, die Agulo zu ihrer bevorzugten Residenz erwählt hatten. Sie waren es auch, die um 1925 **die Kirche San Marcos** im neugotischen Stil erbauen ließen. Einheimische nennen sie La Mezquita: Mit ihren weiß getünchten Kuppeln und dem minarettartigen Glockenturm erinnert sie an eine Moschee. Schräg gegenüber der Kirche steht das **Rathaus** mit seinen dunklen, fast immer verschlossenen Fensterläden und einem an Marmor erinnernden Mosaikboden.

⌃ Agulo – am Fuß einer Felswand

Strände

Von der zentralen Calle del Pintor José Aguiar zweigt rechts die Carretera del Transportador ab, die vorbei an der ehemaligen Bananenverpackungsanlage zu den beiden Pfeilern des einstigen Verladekrans von Agulo hinabführt. Ein kleiner Steg führt aufs Wasser und zu einem Ministrand (**Playa de Agulo**), an dem man nur bei ruhigem Meer ein Bad nehmen kann (hin und zurück 3 km).

Noch weiter weg ist die **Playa San Marcos**, die mit einer Kapelle an einer tief eingeschnittenen Bucht aufwartet. Auch hier ist der Wellengang zum Baden meist zu stark – doch zum Anschauen ist der Ort toll! An der Calle del Pintor José Aguiar biegt man links in die Calle Pedro Béthencourt ein, die in die Straße El Calvario übergeht – auf ihr gelangt man in vielen Kehren zum Ziel (hin und zurück 6 km, auch mit dem Pkw erreichbar).

Unterkünfte

❯ **Hotel Rural Casa Lugo** €€ <092> Calle del Pintor José Aguiar 33, Tel. 922146130, www.hotelruralcasalugo.com. Das hundert Jahre alte Herrenhaus im Herzen Agulos wurde in ein elegantes Landhotel verwandelt. Vom begrünten Innenhof gehen zehn Zimmer ab, alle mit Holzböden und auf antik getrimmten Stilmöbeln, Heizung, Sat-TV und Gratis-WLAN. Noelia, die Betreiberin, serviert das Frühstück im gemütlichen Salon.

❯ **Ap. Escuela** €-€€ <093> Calle del Pintor José Aguiar 10, Tel. 922146194. Auch hier wohnt man zentral und doch ruhig. Zur Wahl stehen neun geräumige, freundliche Apartments mit Wohnküche und separatem Schlafzimmer. Vom Balkon bietet sich ein schöner Blick über Bananenfelder aufs Meer. Auf dem Dach teilen sich die Gäste eine große Terrasse.

Essen und Trinken

❯ **Casa La Molina** €-€€ <094> Carretera GM-1, Tel. 922146274. Oberhalb der Durchgangsstraße (Richtung Vallehermoso) ist dieses gemütliche Lokal leicht zu übersehen. Dabei lohnt sich ein Stopp, denn der sympathische Señor Molina serviert im rustikalen Innenraum oder auf der begrünten Terrasse gute gomerische Hausmannskost: *almogrote* (pikanter Käseaufstrich), Salat und Eintopf, Thunfisch und zartes Fleisch – fragen Sie nach den Tagesgerichten *(plato del día)!*

❯ **La Vieja Escuela** €€ <095> Poeta Trujillo Armas 2, Tel. 922146044, tgl. außer So 10–22 Uhr. Die „alte Schule" nahe der Kirche ist ein beliebter Treffpunkt mit großer Theke und wenigen Tischen. Mittags werden Tapas aufgetischt, abends stehen meist mehrere Hauptgerichte zur Wahl. Fast immer mit von der Partie sind deftiger Kichererbseneintopf *(garbanzos)* und Brunnenkressesuppe *(potaje de berros),* dazu ein Glas Gomera-Wein.

Gemalte Idyllen

Agulos berühmtester Sohn ist **José Aguiar** (1895–1975): Er wurde als Sohn gomerischer Auswanderer auf Kuba geboren, doch da die Eltern bald zurückkehrten, wuchs er in Agulo auf. Später ging er nach Madrid und studierte Kunst. Mit Vorliebe malte er glückliche Bauern, heitere Ziegenhirten und ihrem Schicksal ergebene Fischer – Jung und Alt vereint in fröhlicher Folklore. Aus seiner Sympathie für Diktator Franco machte er keinen Hehl: Als dessen „Hofmaler" führte er in der spanischen Hauptstadt ein abgesichertes Leben. Im Inselrat von San Sebastián hängt Aguiars bekanntestes Gemälde: „Wallfahrt zu Ehren des hl. Johannes" (1924).

54 Lepe ★★ [G2]

Lepe ist ein **romantischer Küstenweiler** 1 km westlich von Playa de Hermigua. Weiße Häuschen verstecken sich zwischen Bananengärten mit ihren breitblättrigen, schwer herabhängenden Stauden.

Nur 15 Menschen leben in dieser kleinen Oase. Am Wochenende, wenn die Kinder und Enkel aus Teneriffa zu Besuch kommen, sind es etwa doppelt so viel. Am **Kiesstrand** unterhalb des Orts kann man bei ruhiger See in die Fluten steigen und dabei den Anblick des sich am Horizont abzeichnenden Vulkankegels des Teide genießen.

55 Hermigua ★★★ [F2]

Dank vieler Unterkünfte und guter Lokale ist Hermigua ein idealer Standort für **Wandertouren** in den Nationalpark. Der durch steile Felswände geschützte Ort liegt in einem langgestreckten, sich zur Küste hin öffnenden Tal. Es handelt sich um ein typisches Straßendorf: Über 5 km reihen sich die Häuser entlang der von Eukalyptusbäumen gesäumten Hauptstraße, der von San Sebastián nach Vallehermoso führenden GM–1, auf.

Auf Hermiguas terrassierten Hängen und im Schluchtenbett wogt ein Meer grüner Bananenstauden, im Obertal entdeckt man Avocados und Mangos, Papayas und Weinreben. Der Wasserreichtum ist dem **Rio del Cedro** zu verdanken, dem einzigen Bach, der auf La Gomera das ganze Jahr über fließt. Bevor er sich ins Tal von Hermigua ergießt, stürzt er über eine Steilstufe 100 Meter in die Tiefe und wird darum von den Gomeros meist nur El Chorro („der Wasserfall") genannt.

Schon früh erkannten die spanischen Eroberer, dass sich aus dem fruchtbaren Tal Profit schlagen ließ. Schon um 1540 waren zwei Zuckermühlen in Betrieb, in denen aus Rohr das begehrte „weiße Gold" gewonnen wurde. Später, im ausgehenden 19. Jahrhundert, entwickelte sich das Tal zum wichtigsten Bananenanbaugebiet der Insel. Die Señores, wie die Landeigentümer von der einfachen Bevölkerung noch heute genannt werden, schufen sich prachtvolle Residenzen.

Das **Ortszentrum** gruppiert sich um das Rathaus mit Post, Sparkasse und Apotheke. Schräg gegenüber befindet sich in einem Monumentalbau die Touristeninfo, daran angrenzend der Parque del Curato mit schattigen Bäumen, blühenden Blumen und viel Geschnatter von Federvieh.

Links geht es hinauf zum Hotel Ibo al Faro, talabwärts zur Plaza de la Encarnación. Seit dem Bau der Umgehungsstraße fließt der Verkehr in diesem Teil des Orts nur noch in einer Richtung. Blickfang am Platz ist die wie mit einem Zuckerguss übergossene **Iglesia Nuestra Señora de la Encarnación** aus den 1930er-Jahren. Die durch Bananen reichgewordenen Grundbesitzer ließen eine Kapelle aus dem Jahr 1640 abreißen und dafür diese repräsentative Kirche errichten. Im Innern gefällt der von zwei Seitenaltären flankierte Hochaltar aus Holz. Die Madonnenskulptur stammt von dem Bildhauer Fernando Estévez (1820).

Gleichfalls ein Anlaufpunkt – nicht nur wegen des Gratis-WLAN – ist die am Platz gelegene **Casa de Cultura**. In der Eingangshalle grüßt das Bild „El Emigrante" – eine Hommage an die vielen Gomeros, die im 20. Jh. ihr Glück in Übersee suchen mussten.

56 Untertal (Hermigua) ★★ [G2]

Folgt man der Straße talabwärts, passiert man nach wenigen Minuten den Szenetreff **Casa Pedro** (s. S. 76). Noch ein Stück weiter Richtung Küste kommt man vorbei am Restaurant **El Faro** (s. S. 76) und der Bar **El Piloto**. Hinter dem Bildstock Santa Catalina teilt sich die Straße: Links geht es zum malerischen Weiler Lepe **54**, rechts zur **ehemaligen Hafenmole** (1908). Das Einzige, das von ihr übrig ist, sind vier gigantische Säulen. Auf ihnen thronte ein Kran mit beweglichem Eisenarm, der Menschen und Waren von der Küste aufs Schiff verlud. Anlegen konnten Schiffe nicht – das Meer war an der Nordküste zu aufgewühlt. Heute wird hier kein Schiff mehr beladen – Stürme haben El Pescante zerstört. Dafür wurde aber an seinem Fuß ein Naturschwimmbecken angelegt. Nahe El Pescante startet der Wanderweg zur Playa de la Caleta (s. S. 74).

57 Obertal (Hermigua) ★ [F3]

Auf dem Weg ins Obertal passiert man ein ethnografisches Museum. Es ist in einem restaurierten Herrenhaus untergebracht und zeigt vom altkanarischen Schädel bis zur bizarren Heugabel allerlei Relikte aus der Vergangenheit La Gomeras (**Museo Etnográfico**, Ctra. GM–1 Nr. 95, Sa–So 10–14 Uhr, Eintritt 2,50 €). Als Ethno-Museum könnte auch die ehemalige Gofio-Mühle weiter oben an der Straße durchgehen: Sie ist vollgestopft mit altem Handwerksgerät. Angeschlossen ist ein Laden mit Kunsthandwerk und Kulinaria (**Molino de Gofio**, tgl. 9–12, 14–16.30 Uhr, Eintritt 2 €). Noch weiter oben an der Durchgangsstraße liegt ein Platz mit einer Kirche, die einst zu einem Dominikanerkloster gehörte.

Ökotourismus statt Banane

Die Bananenproduktion wirft nicht mehr die großen Gewinne ab. Die Wirtschaftsflaute spiegelt sich im dramatischen Rückgang der Einwohnerzahl. Von den über 5500 Talbewohnern im Jahr 1950 ist die Zahl auf gegenwärtig etwa 2000 geschrumpft. Um ein weiteres Abwandern vorwiegend jugendlicher Bewohner nach Teneriffa zu verhindern, setzt die Stadtverwaltung von Hermigua **55** *alle Hoffnung auf den aus Mitteln der Europäischen Gemeinschaft geförderten „Sanften Tourismus": Viele Unterkünfte in restaurierten kanarischen Landhäusern wurden bereits hergerichtet. Am Ortseingang lesen Urlauber das Schild „Bienvenidos a Hermigua donde tenemos el mejor clima del mundo" („Willkommen in Hermigua, wo wir das beste Klima der Welt haben"). Tatsächlich hat dieser Ort ähnlich wie Agulo* **53** *und Vallehermoso* **46** *ein angenehmes, ausgeglichenes Klima. Die milden Temperaturen laden zu ausgedehnten Wander- und Mountainbiketouren ein. Baden kann man im Meerwasserschwimmbecken an der alten Bananenmole – dies freilich nur bei ruhiger See. Im Sommer wird zusätzlich ein Freibad geöffnet, das man inmitten von Bananenplantagen nahe dem Steinstrand entdeckt. Um die Attraktivität Hermiguas zu erhöhen, entsteht daneben für mehrere Millionen Euro ein Wellnesszentrum.*

Dieses ist längst abgetragen, doch der Name ist geblieben: **El Convento** wird das ganze Viertel genannt. Die 1511 erbaute **Iglesia de Santo Do-**

Zur Playa de la Caleta

An der Küste, nahe dem (ausgeschilderten) Abzweig zum **Naturschwimmbecken von El Pescante**, zweigt rechts ein schmales, kurvenreiches Sträßchen zur **Playa de la Caleta** ab. Der Strand liegt geschützt in einer von hohen Klippen flankierten Bucht, ist knapp 200 m breit und mit dunklem Lavasand bedeckt. In einigem Abstand vom Strand ragen – wie von einer Laune der Natur hingeworfen – Felsnadeln aus dem Meer. Am Strand gibt es einen gemütlichen Picknickplatz und eine Kapelle, Umkleidekabinen und Toiletten – dies alles im Schatten von Bäumen. Das ganze Jahr über öffnet ein Strandlokal, in dem zwei sympathische Señoras köstliche Säfte aus lokalen Früchten pressen, dazu servieren sie Tapas und manchmal Fisch (**Chiringuito de la Caleta,** tgl. ab 12 Uhr).

Noch schöner ist es, zur Playa de la Caleta zu wandern: An der Straßengabelung nahe dem Abzweig zu El Pescante wählt man den ausgeschilderten, gelb markierten Treppenweg aufwärts (PR LG 2 La Caleta – El Palmar). Nach 25 Minuten mündet der steile Pfad an einem Aussichtspunkt in eine schmale Straße. Nachdem man sie gequert hat, setzt sich der Weg über Stufen abwärts fort und stößt wenig später abermals auf das Sträßchen. Auf dieser lässt man sich nun zum Strand hinabtreiben. Wer Lust hat, kann an einer Schautafel, etwa 1 km vor Erreichen der Playa de la Caleta, auf dem geländergesicherten, rot markierten GR–132.1 zum 2,7 km entfernten Kap **Punta San Lorenzo** laufen, der alten Schiffsanlegestelle der Gemeinde – ein herrlich rauer, wilder Flecken! 1850 wurde die Anlegestelle weit ab vom Ort angelegt, weil hier das Meer etwas ruhiger war als an der Playa de Hermigua.

❯ **Playa de la Caleta** <096>

mingo gefällt – sofern sie geöffnet ist – mit holzgetäfelten Kassettendecken im Mudejarstil, gotischen Bögen und feingemeißelten Säulen. Sehenswert sind auch die barocken Gemälde und die volkstümlichen, naiv anmutenden Bilder der Escuela Popular. Gegenüber der Plaza gelangt man über einen Treppenweg (Calle El Convento) in ein Seitental. Wenig später rücken **Los Roques Enamorados,** die „Verliebten Felsen", in den Blick: zwei verwitterte, durch eine freigewaschene Lücke voneinander getrennte Felsmonolithen – sie stehen am ausgeschilderten Wanderweg nach El Cedro im Inselzentrum.

Strände

Die breite **Playa de Hermigua** – mit Lavasand und Kieselstein bedeckt – ist aufgrund starker Brandung und Strömung zum Baden nicht geeignet. In die Fluten steigt man besser im **Naturschwimmbecken** an der ehemaligen Bananenverladestation **El Pescante** an der Ostseite der Bucht (bzw. im Wellnesszentrum, sofern es fertiggestellt wird). Eine Bademöglichkeit bietet auch die 6 Kilometer entfernte **Playa de la Caleta** (s. links).

Infos und Reisetipps

❯ www.hermigua.org: Infos über den Gemeindeort, Auflistung der Unterkünfte und Restaurants

❯ **Punto de Información Turística (Hermigua)** <097> Parque del Curato, Carretera GM–1, Tel. 922880990, oficinadeturismo@villadehermigua.com, Mo–Sa 9–13 und 16–20 Uhr

❯ **Taxi:** an der Pfarrkirche Nuestra Señora de la Encarnación, Tel. 922880047

❯ **Bus:** Sonntags fahren zwei, sonst täglich fünf Busse nach Vallehermoso (Fahrtzeit 40–50 Min.), Agulo (10–20 Min.) und San Sebastián (30–40 Min.).

> **Casa de la Cultura** <098> Plaza de la Encarnación, Mo–Fr 9–13, 16–20, Sa 9–13 Uhr. Hier kann man kostenlos im Internet surfen.

Unterkünfte

> **Hotel Ibo Alfaro** €€€ <099> Carretera GM–1 (Abzweig bei Km 20,8), Tel. 922880168, www.hotel-gomera.com/de. Kein Blick ist schöner: Er reicht von den wolkenumkränzten Bergen über das grüne Terrassental und das Meer bis nach Teneriffa. Ein altes Herrenhaus wurde in ein romantisches Landhotel verwandelt. Balkendecken und Holzdielen, Fensterläden und Erker sind stilvoll rekonstruiert, die Einrichtung dem rustikalen Ambiente angepasst. Jedes Zimmer besitzt ein eigenes Flair und einen besonderen, der Pflanzenwelt La Gomeras entliehenen Namen. Zum Hotel gehören Sonnenterrasse und Garten, Speise- und Aufenthaltsraum. Alexander und sein Team sorgen für einen aufmerksamen, fast familiären Service. Lob gebührt auch dem guten Frühstücksbüfett.

> **Ap. Los Telares** €€ <100> Carretera GM–1 (Km 19,2), Tel. 922880781, www.apartamentosgomera.com. Wanderer quartieren sich gern hier ein, denn die Unterkunft befindet sich im Obertal und damit schon nahe am Nationalpark. Zur Wahl stehen 22 Apartments mit Terrakottaboden und Holzschiebetüren, ländlich-nostalgischem Mobiliar und Panoramablick übers Tal sowie Gratis-WLAN. Der Aufenthaltsraum verfügt über einen Kamin. Auf Wunsch wird Frühstück serviert, das die Gäste auf einem „schwebenden Tablett" vor der Tür erwartet. Gruppen speisen im 200 Meter entfernten Restaurant Molino de Gofio – Brot und Marmeladen sind hausgemacht.

> **Ap. El Casino** € <101> Playa Santa Catalina 20, Tel. 922880163. Aus dem ehemaligen Altherrenklub wurden sechs

Lust und Laune im Telémaco
Señora Rochy kocht mit Elan und Know-how: Die Zutaten sind frisch und wann immer möglich, stammen sie aus eigenem Bio-Anbau. In der offenen Küche kann man ihren Kochkünsten zuschauen: Zu den Favoriten des Autors zählen mit Palmenhonig beträufelte Auberginen-Pommes und der üppige exotische Salat, Fisch-Cazuela und Meeresfrüchte-Paella und zum Abschluss die hausgemachten, in der Vitrine ausgestellten Desserts. Schon der Anblick der Maracuja-Mousse lässt einem das Wasser im Mund zusammenlaufen! Bei gutem Wetter nimmt man gern auch auf der lauschigen Gartenterrasse Platz. Und am Wochenende kommt man häufig in den Genuss von Latino-Livemusik!

> **Tasca Telémaco** <107> Plaza de la Encarnación 2 (nahe der Kirche im Untertal), Tel. 922880812, www.tascatelemaco.com, tgl. 12–16, 20–23 Uhr, Gratis-WLAN

Apartments, alle mit schönem Meerblick und mit 22–25 € (für zwei Personen) sehr günstig. Der Zugang zum „Casino" erfolgt über einen steingepflasterten Treppenweg ab dem Restaurant Faro.

> **Casa Diversa** € <102> Calle Los Gomeros 12 (Las Nuevitas), Mobil 660921809 und 689450971, www.casadiversa.com. Sechs freundliche Apartments auf der rechten Talseite mit weitem Blick und großer Dachterrasse. Speziell für für Wanderer und/oder Taucher interessant: Raquel ist ausgebildete Tauchlehrerin und da sie mit einer benachbarten Bio-Forschungsstation kooperiert, vermittelt sie naturwissenschaftliche Wanderexkursionen.

Essen und Trinken

❯ **El Faro** €€ ‹103› Playa Santa Catalina 15, Tel. 922880062, tgl. 13–22 Uhr. Bei Kanariern wie Touristen gleichermaßen beliebtes Restaurant an der Stichstraße zum Strand. Petra bereitet feine Gerichte *al fresco:* Gomerisches von Thunfisch bis Kaninchen, aber auch mediterrane Klassiker (lecker: Spaghetti mit Meeresfrüchten, Curry-Hühnchen!), hausgemachte Desserts und Sorbets. Auch Tapas werden serviert und der Kaffee schmeckt! Vor allem von der Dachterrasse hat man einen schönen Blick ins Grüne.

❯ **El Silbo** €€ ‹104› Calle El Tabaibal 102 (GM-2 Km 23,1), Tel. 922880304, www.restauranteelsilbo.com, tgl. 11.30–23 Uhr. Terrassenrestaurant am Ortsausgang Richtung Agulo. Die kanarische Speisekarte bietet nicht nur Fisch, viele Desserts sind hausgemacht. Wer unter Einheimischen essen möchte, bestellt an der Bar Tapas.

❯ **Las Chácaras** €€ ‹105› Lomo de San Pedro, Tel. 922881039, www.laschacaras.com, tgl. 9–23 Uhr. Das Restaurant im Obertal bietet gute kanarische Hausmannskost, insbesondere Fleischgerichte. Erreichbar über die Abzweigung an der GM–1 bei Km 18,7.

❯ **Casa Pedro/Casa Creativa** € ‹106› Carretera GM–1 (Nr. 156, Km 21,6), Tel. 922880991, www.barterrazapedro.com. Dank der Umgehungsstraße ist es in diesem Terrassencafé nun viel ruhiger als

EXTRATIPP

Mirador de Manaderos

Hinter dem Tunnel bei Km 7,2 an der von Hermigua nach San Sebastián führenden Straße GM–2 lohnt sich ein Stopp! Vom (ausgeschilderten) **Aussichtspunkt** schaut man in das Schluchtensystem des Barranco de la Villa und auf das von zerklüfteten Felswänden überragte Dorf La Laja. Hier kann man auch picknicken, denn rustikale Bänke und Tische stehen bereit – obendrein ist die Aussichtsterrasse rundum schön bepflanzt.

❯ **Mirador de Manaderos** ‹108› GM–2, Km 7,2

früher. Man genießt den hausgemachten Kuchen, die kleinen landestypischen Gerichte, Salate und vegetarischen Tapas. Freitag- und samstagabends kann man häufig erleben, dass Pedro, der aus der Dominikanischen Republik stammende Wirt, auf seiner Gitarre Salsa anstimmt. Gratis-WLAN.

Nachtleben

Ein „Nachtleben" findet nur am Freitag- und Samstagabend statt. Beliebt ist vor allem die **Tasca Telémaco** (s. S. 75), wo Latino-Musik die Gäste oft zum Tanzen animiert. In der **Casa Pedro** herrscht beste Stimmung, wenn Wirt Pedro zur Gitarre greift.

044lg

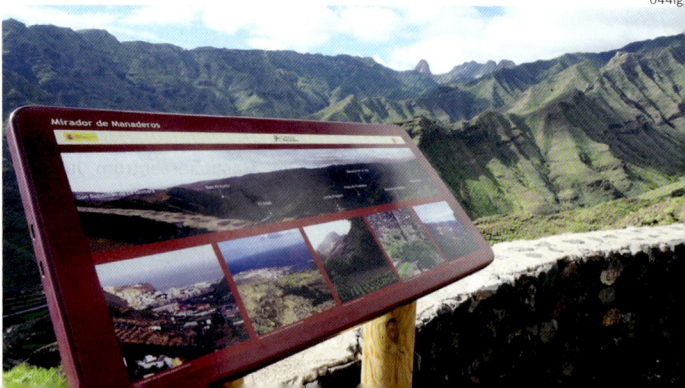

Das Inselzentrum

Grünes Herz der Insel, eine Oase der Stille – das Inselzentrum ist von Lorbeerwald bedeckt, der als Nationalpark unter Naturschutz steht. Hier scheinen Märchen zum Leben zu erwachen: So geheimnisumwittert erscheint der Wald, dass man an jeder Ecke Feen erwartet und hinter Nebelschwaden Geister Verblichener. Und was gäbe es Schöneres, als ein Picknick am plätschernden Bach oder Kressesuppe aus dem Holznapf im Weiler El Cedro!

Der Nationalpark ist für Besucher gut erschlossen. Die **Höhenstraße GM-2** (Carretera Dorsal) durchschneidet ihn von West nach Ost; schön ist das Sträßlein von Laguna Grande zum **Besucherzentrum Juego de Bolas** (51). Von der Straße, die die Kreuzung Cruce de la Zarcita mit Hermigua verbindet, gelangt man auf einer schmalen Piste zum Weiler **El Cedro** – doch Vorsicht: nach Regenfällen ist sie unbefahrbar!

An zahlreichen **Parkplätzen** längs der Höhenstraße kann man das Auto abstellen und auf gut ausgebauten Wegen zu **Waldspaziergängen** aufbrechen. Beliebtester Startpunkt ist die Kreuzung **Cruce de Pajarito.** Eines freilich werden Besucher vielleicht bedauern: Unterkünfte im Inselzentrum sind rar, und auch die Zahl der Lokale hält sich in Grenzen!

Der Blick in den Barranco de la Villa vom Mirador de Manaderos

(58) Nationalpark Garajonay ★★★ [E3]

Mit 90 Quadratkilometern nimmt der urwüchsige **Lorbeerwald** fast ein Viertel der gesamten Inselfläche ein. Aufgrund seiner in der Welt einzigartigen Vegetation wurde er 1981 zum Nationalpark und fünf Jahre später von der UNESCO zum **Weltkulturerbe** erklärt.

Ein Spaziergang durch den gomerischen Urwald ist ein Ausflug in eine **mystische Welt.** Hier ist Heide zu Bäumen emporgewachsen, ihre vom Wind verbogenen Stämme sind ineinander verschlungen. Je höher man kommt, desto geheimnisvoller wird es. Lorbeerbäume mit weit ausladenden Kronen lassen kaum einen Lichtstrahl durch und in ihrem Geäst „verfangen" sich Wolkenfetzen. Langhaarige Flechten flattern geheimnisvoll im Wind. Auf üppigem Moosbett wachsen große Farne und leuchtende Wildorchideen. Durch eine Schlucht fließt ein gurgelnder Bach, der als Wasserfall ins Tal von Hermigua rauscht. Die Luft ist feucht und kühl, es herrscht eine Stille, die nur vom Schrei einer Lorbeertaube unterbrochen wird.

Der Lorbeerwald ist durch ein **Netz markierter Wanderwege** erschlossen, viele Startpunkte befinden sich an der Höhenstraße GM-1: Degollada de Peraza (Km 16), Roque Agando (Km 19,4), Casita Olsen (Km 23), Cruce de Pajarito (Km 24), Alto de Contadero (Km 25,2) und Laguna Grande Km 29,1).

Infos und Reisetipps

Das **Besucherzentrum Juego de Bolas** (51) ist über eine ausgeschilderte, in Laguna Grande startende, schmale und 9 km lange Straße erreichbar.

Die Legende von Gara und Jonay

*Der Name des Nationalparks ent-
stammt einer alten Legende, die einem jeden Gomero bestens vertraut
ist. Wie es heißt, war die schöne
Prinzessin Gara leidenschaftlich in
den jungen Guanchen Jonay verliebt,
doch dieser lebte auf der Nachbarinsel Teneriffa. Ein weiser Priester sag-
te Unglück voraus, falls sich die beiden vermählten. Die Prophezeiung
bewahrheitete sich: Just im Augen-
blick, da sie zusammenkamen, um
sich da Jawort zu geben, begann der
Teide so mächtig Feuer und Lava zu
speien, dass sich das Meer rötete und
die Insel La Gomera erglühte. Darauf widersetzten sich die Eltern der
Heirat, Jonay wurde nach Teneriff-
fa zurückgeschickt. Doch da er Gara
nicht vergessen konnte, band er sich
aufgeblasene Ziegenhäute um seinen
Gürtel und schwamm schon wenige
Wochen später erneut hinüber zur
Nachbarinsel. Gemeinsam flüchte-
ten sie in die dichten Wälder La Gomeras und stiegen auf den höchsten Berg hinauf. Mit einem gespitz-
ten Lorbeerast durchbohrten sie sich
wechselseitig die Brust und starben
in inniger Umarmung ...*

59 **Laguna Grande** ★★★   **[E4]**

Wo früher ein Kratersee war, befindet
sich heute eine kreisrunde, 1240 m
hoch gelegene Waldlichtung. Hier,
am Südwestrand des Nationalparks,
offeriert das rustikale Ausflugslokal
Laguna Grande kanarische Spezialitäten. Obwohl es schon viele Jahre
in Betrieb ist, ist es noch immer relativ günstig (Laguna Grande, Tel.
922697070, www.laguna-grande.es,
tgl. außer Di ab 9 Uhr). Vielleicht hat
man aber Proviant mitgebracht und
zieht es vor, im Freien zu essen: Dafür bietet sich gleich nebenan eine
Picknickanlage an – mit Feuerstel-
len, Tischen und Bänken sowie einem
Abenteuerspielplatz für Kinder.

In einem attraktiv gestalteten **In-
fopavillon** (Di geschl.), der sich mit
Panoramafenstern zum Wald öffnet,
erhalten Wanderer Tipps zu den vielen in La Laguna startenden Touren.
Auch starten hier um 10 Uhr die von
der Umweltbehörde (Medio Ambiente) geleiteten zwei- bis vierstündigen
Gratisexkursionen in den Nationalpark. Wer teilnehmen möchte, sollte
rechtzeitig reservieren (siehe Juego
de Bolas **51**).

☑ *Laguna Grande –
ein schöner Platz für ein Picknick*

045jg.gs

60 Garajonay ★★★   [E4]

047lg-ti

Vom **höchsten Inselgipfel**, dem 1487 Meter hohen Garajonay, bietet sich vor allem am Morgen ein faszinierendes Schauspiel. Weiße Wolkenbänke lagern in den tief eingeschnittenen Tälern und reichen übers Meer bis zu den Nachbarinseln Teneriffa, La Palma und El Hierro sowie manchmal gar bis Gran Canaria. Werden die Wolken von den ersten Sonnenstrahlen ertastet, erglühen sie in warmen Gelb- und Rottönen – und nicht selten darf man miterleben, wie sie sich in Bewegung setzen und den Inselkamm hinaufkriechen, um kurz darauf elegant abzugleiten oder sich aufzulösen.

Um das Wolkenschauspiel zu erleben, fährt man mit dem Auto oder dem morgendlichen Bus bis zur Straßenkreuzung Pajarito. Den Gipfel des Garajonay erreicht man auf einem markierten Wanderweg nach 3,6 km, auf einem rechts abzweigenden, etwas steiler ansteigenden Pfad nach 2,5 km.

61 El Cedro ★★★   [F3]

Der einzige Weiler weit und breit liegt in 850 m Höhe am Nordostrand des Nationalparks. Werktags ist dieser paradiesische Flecken Ziel von Wandergruppen, am Wochenende gesellen sich kanarische Familien hinzu, die einen Tag in der Natur verbringen wollen. Am Anfang oder Ende einer Wanderung durch den Lorbeerwald stärkt man sich im Lokal **La Vista**.

⌂ Gruß nach Teneriffa – vom Gipfel des Garajonay

Unterkunft

Wanderer, die in El Cedro übernachten wollen, können sich nach freien Betten in der **Casita La Vista** bzw. im **Refugio** erkundigen. Bei der Casita handelt es sich um ein gemütliches Studio mit eigener Küche, Kamin und Bad, beim Refugio um eine Schutzhütte mit 17 Betten in fünf Zimmern und einem Gemeinschaftsbad. Außerdem managt Señora Juana noch den idyllisch gelegenen, aber im Winter kalt-feuchten **Campingplatz La Vista**.

❯ La Vista (Campingplatz) € ‹109› Caserío del Cedro, Tel. 922880949, http://camping-lavista.jimdo.com

Essen und Trinken

■ La Vista (Restaurant) € ‹110› El Cedro, tgl. ab 10 Uhr. In diesem urigen Lokal, von dessen Terrasse man eine weite Sicht über das Tal hat, bekommt man Deftiges: Kressesuppe aus dem Holznapf, Ziegenfleischgulasch und gegrillten Käse mit Mojo-Soße. Stellen Sie sich auf eine längere Wartezeit ein!

04δJiF-sfs

Aktiv

Wandertipp: Wenn man sich bei der **Wanderung 3** (s. S. 90) beim Stichwort „El Cedro" einklinkt, erlebt man eine attraktive Rundtour durch den Lorbeerwald!

62 Degollada de Peraza ★★★ [G5]

Der imposante **Aussichtspunkt** in 940 m Höhe liegt an der Höhenstraße GM–2, 13 km westlich von San Sebastián. Nordwärts schaut man ins grüne Tal von La Laja hinab, südwärts reicht der Blick über die ausgedörrten Hänge des Barranco Juan de Vera bis zur Küste. Eine Tafel erinnert daran, dass der Pass seinen Namen einem blutigen Ereignis aus der Zeit der Conquista verdankt. Ein wunderschöner, ausgeschilderter **Wanderweg** führt nach La Laja hinab (s. Wanderung 4, S. 92).

63 Los Roques ★★★ [F4]

Am Südostrand des Nationalparks ragen spektakuläre **Felsmonolithen** auf: südlich der Straße der zuckerhutartige **Roque de Agando** (1246 m), nördlich der wuchtige **Roque de la Zarcita** (1023 m), der **Roque de Carmona** (1103 m) und der kuppelförmige **Roque de Ojila** (1171 m) – alle vier Felsdome überragen ihre Umgebung um jeweils 100 Meter. Sie sind Relikte harter Magmaschlote, deren „weicher" Erdmantel im Lauf der Zeit abgetragen wurde. An der Straße bzw. leicht versetzt wurden mehrere **Aussichtspunkte** eingerichtet, die Weit- und Tiefblicke in die umliegenden Schluchten bieten.

⌂ Der Roque Agando – grau und verwittert

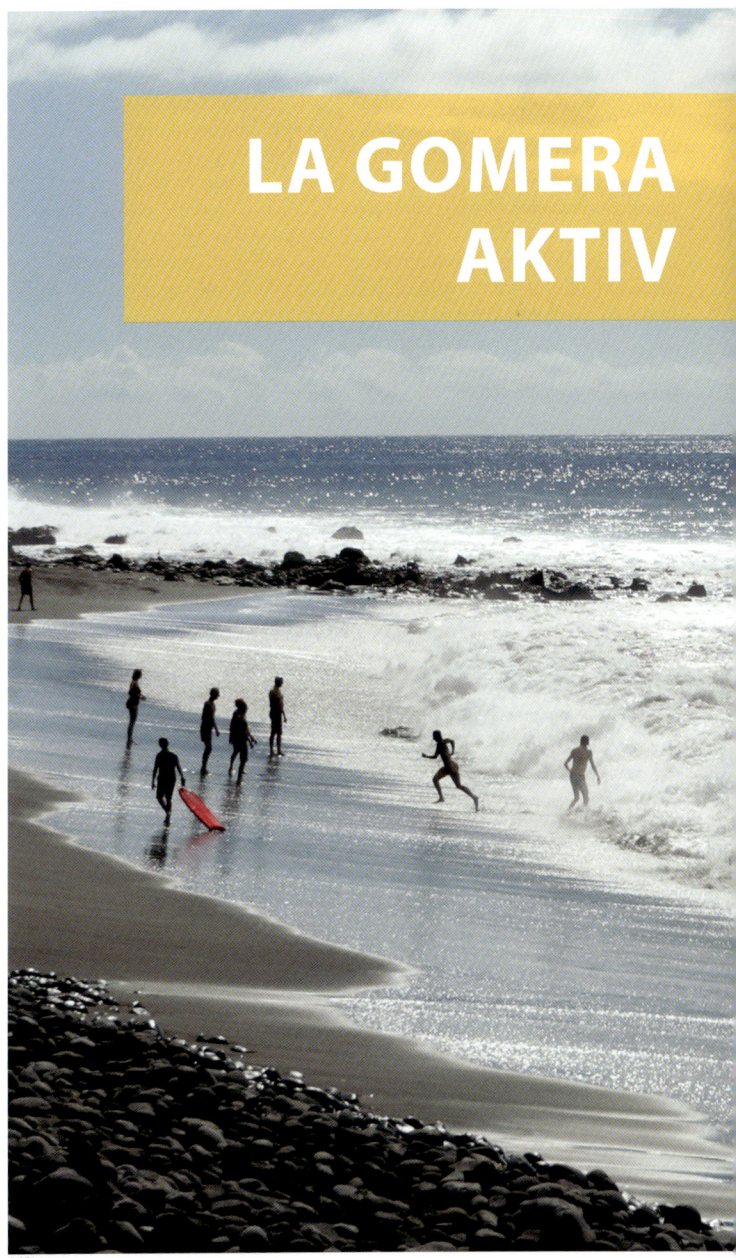

LA GOMERA AKTIV

Baden

Wer auf La Gomera goldene Sandstrände erwartet, wird enttäuscht. Nur dort, wo die Barrancos (Schluchten) ein Mündungsdelta formen, sind kleinere **Buchten** entstanden, die freilich meist mit **Kies** übersät sind. Wo es **Sandstrände** gibt, sind sie dunkel und schmal, vor allem im Winter vom Verschwinden bedroht. Nicht selten holt sich das Meer in einer einzigen stürmischen Nacht all den Sand zurück, den es zuvor über Monate kontinuierlich angeschwemmt hat. In den jeweiligen Ortsbeschreibungen unter „Orte und Regionen" werden die einzelnen Strände aufgeführt.

Das **Schwimmen** an den Stränden ist nur bei ruhiger See zu empfehlen. Im Westen ist aufgrund starker Brandung und tückischer Strömungen äußerste Vorsicht geboten. Im Norden sollte man nur im Natur-schwimmbecken ins Wasser steigen. Hier kann man seine Runden drehen, während wenige Meter entfernt die Brandung tobt. Man findet Naturschwimmbecken in Vallehermoso **46** und Hermigua **55**.

Das **Wasser** rund um die Insel ist sauber und klar, die Temperatur schwankt zwischen 23° C im Sommer und 18° C im Winter, auf La Gomera kann also ganzjährig gebadet werden.

Zwar ist das **Nacktbaden** auf La Gomera offiziell nicht gestattet, doch es wird in einigen Buchten widerstrebend toleriert, so an der Playa del Inglés und der Playa de Argaga (beide nahe Valle Gran Rey **30**) sowie an der Playa del Medio (bei Playa Santiago **18**). „Oben ohne" ist dagegen überall üblich.

Wassersport

Kajakfahren

Die Tauchschulen in San Sebastián **1** und Playa Santiago **18** bieten Kajaktrips längs der relativ windgeschützten, brandungsarmen Südküste an (Adressen siehe Tauchen).

◁ *Vorseite: In La Puntilla* **33** *(Valle Gran Rey) bildet sich bei Ebbe ein schöner Strand heraus*

▽ *La Playa* **32**, *gleichfalls im Valle – schwarz und steinig, aber schön*

Segeln und Bootfahren

Für Urlauber gibt es auf La Gomera keine Möglichkeit, einen Segelkurs zu belegen bzw. ein Segelboot zu leihen. Dafür werden in Playa Santiago und in Vueltas (Valle Gran Rey) **Bootsausflüge** angeboten (s. S. 46).

Surfen

Surfer sieht man auf La Gomera eher selten. Junge Gomeros üben vereinzelt in der Bucht von San Sebastián 1, in La Playa 32 (Valle Gran Rey) oder bei La Dama 29. Stand-up-Paddling bietet die Tauchschule in Playa Santiago (siehe Tauchen).

Tauchen und Schnorcheln

Deutschsprachige **Tauchzentren** *(Centros de Buceo)* befinden sich in San Sebastián 1, Playa Santiago 18 und Hermigua 55. In allen genannten Orten werden Kurse sowohl für Anfänger als auch für Fortgeschrittene angeboten. Beliebt ist das Nachttauchen, weil bestimmte Fische wie Tintenfisch und Moräne erst in der Dunkelheit aktiv werden. Um sich an Ausflügen zu beteiligen, benötigt man u. a. einen Taucherpass und eine fachärztliche Bescheinigung über die Tauchfähigkeit.

San Sebastián

- **Dive Art Gomera** <111> Marina Deportivo, Paseo de Fred Olsen s/n, Mobil 660659098, www.dive-art.com. Die Basis ist täglich ab 10 Uhr geöffnet und bietet Tauchgänge mit eigener und gemieteter Ausrüstung, Ausbildung vom Schnupperkurs bis zum Divemaster nach PADI und CMAS-Richtlinien.

Playa Santiago

› **Splash Gomera,** Hotel Jardín Tecina (s. S. 32, Club Laurel), Mobil 626658901, www.splashgomera.es, Mi geschl. Die von Engländern geführte PADI-Basis bietet Tauchen für Anfänger und Fortgeschrittene (auch Kajak- und SUP-Touren).

Hermigua

› **Casa Diversa** (s. S. 75). Die Holländerin Raquel ist ausgebildete Tauchlehrerin und bietet für Gäste ihres kleinen Apartmenthauses Tauchkurse und Ausflüge an.

⊡ *Farbenprächtige Unterwasserwelt*

gap-gl050

Wandern

Die Insel ist **wie geschaffen für Wanderer,** denn sie ist ein aus dem Meer gehobenes Landschaftsparadies. Schroffe Canyons kontrastieren mit subtropisch-üppigen Tälern, ausgedörrte Berghänge mit Palmenoasen und kleinen Stauseen. Einzigartig ist der **Lorbeerwald** im Zentrum der Insel, ein Relikt der voreiszeitlichen Flora.

Ein Teil des **Wegenetzes,** das die Insel schon im 16. Jh. umspannte, wurde sorgfältig **restauriert.** Die Pfade sind gepflastert und an vielen Stellen mit Seitenmauern abgestützt. Freilich ist oft ein beträchtlicher **Höhenunterschied** zu bewältigen; eine gute Kondition und oft auch Trittsicherheit sind erforderlich.

Das Wandern ist ganzjährig möglich, doch ist in den **Wintermonaten** häufig mit Regen zu rechnen. Die **Sicht** kann sich bei Wolkenaufzug binnen weniger Minuten verschlechtern. Es empfiehlt sich deshalb, nicht von den vorgeschriebenen Wanderwegen abzuweichen und geeignetes Schuhwerk, wetterfeste Kleidung und natürlich ausreichend Wasser und Verpflegung mitzunehmen. Vor Skorpionen und giftigen Schlangen braucht man auf den Kanaren keine Angst zu haben, auch Zecken gibt es nicht!

Wer nicht auf eigene Faust, sondern organisiert wandern will, hat die Qual der Wahl. Zweiwöchige Wanderreisen mit Standort Hermigua 🗩 kann man bei **Wikinger** (www.wikinger-reisen.de) buchen. Andere größere Reiseveranstalter haben meist das Valle Gran Rey 🗩 und Playa Santiago 🗩 als Basis und offerieren eine Kombination von Strand- und Wanderurlaub. Viele Gäste ziehen es vor, sich erst vor Ort einer Wandertour anzuschließen – in Valle Gran Rey z. B. bei **Timah.** Kostenlose Führungen durch den Nationalpark organisiert die kanarische Umweltbehörde **Medio Ambiente** (siehe Juego de Bolas 🗩).

Wanderanbieter

El Cabrito (bei San Sebastián)
❯ **Bio-Hotel El Cabrito** (s. S. 27). Für Gäste des Ferienklubs werden geführte Wandertouren angeboten.

Playa Santiago
Mehrmals wöchentlich kommt der Veranstalter Timah mit Bussen aus dem Valle Gran Rey und bietet ab dem Hotel Jardín Tecina (s. S. 32) geführte Touren auf der ganzen Insel.

Valle Gran Rey
❯ **Timah** <112> Av. Marítima 14, La Puntilla, Tel. 922807037, www.timah.net, Mo–Sa 10–13 und 17–20, So 18–20 Uhr. Seit vielen Jahren organisieren Josef und Anni professionell geführte Wandertouren. Im angeschlossenen Laden verkaufen sie alles, was des Wanderers Herz begehrt: Schuhe und Stöcke, Wollsocken, Pullis und Sonnenhüte, selbst ein Erste-Hilfe-Kasten ist dabei. Außerdem findet man eine große Auswahl an schicken Wandersandalen. Einmal wöchentlich werden die Wandertouren im Rahmen einer Foto-Schau im Hotel Gran Rey (s. S. 52) vorgestellt.

■ **ÖkoTours** <113> Calle Vueltas s/n, Vueltas, Tel. 922805234, Mobil 690809160, www.oekotours.com. Für Botanik-Touren mit dem Diplom-Biologen Dieter Scriba kann man sich im Wanderladen anmelden. Dort bekommt man auch Rucksäcke, Teleskop-Wanderstöcke und Sportbekleidung sowie Postkarten, Wander- und Reiseführer.

> Montemar Wanderungen/Outdoor Safari Gomera <114> Av. El Llano s/n, Borbalán, Mobil 630778682, www.montemar-tours.de. Wanderungen in Kleingruppen (3 bis max. 10 Personen) inkl. Transfer ab dem Busbahnhof. Die Touren können direkt im Laden Outdoor Safari Gomera gebucht werden.

Vallehermoso

> Ymaguara <115> Plaza de la Encarnción/ Calle Mayor 5, Tel. 922800329 und Mobil 659992205, http://ymaguara.com. Thematische Touren und Wanderungen in den Nationalpark.

Hermigua

> Casa Diversa (s. S. 75), Mobil 660921809, www.casadiversa.com. Speziell für Gäste dieses Hauses werden naturwissenschaftlich inspirierte Wanderungen angeboten.

Wanderungen 1: von La Calera nach Arure

Zwischen der **Bar Parada** und dem *Ayuntamiento* (Rathaus) folgt man dem Treppenweg („La Cuestita de la Calera") aufwärts. Nach zwei Dutzend Stufen hält man sich rechts und biegt am **Laden Víctor** rechts in eine parallel zum Hang verlaufende Gasse, die Calle Gurona, ein. Sie mündet in die Straße La Alameda, der wir links hinauf folgen, rechter Hand passiert man den Supermarkt El Chorro. 200 Meter weiter, hinter den Häusern Bell a Cabellos und Flor de Lis mit ihren Balkonen, verlässt man die Straße und biegt links in den **rot ausgeschilderten Abzweig GR-132** „Arure, por el camino de la Mérica" ein (30 Min.), der sogleich links über eine Wasserrinne verläuft.

Rasch verwandelt sich der Treppenweg in einen klassischen **Cami-no Real**, d. h. einen alten Dorfverbindungsweg. In vielen Kehren schraubt er sich den Steilhang empor. Je höher man steigt, desto prächtiger ist der Ausblick aufs Tal mit terrassierten Bergflanken, Palmenhainen und weißen Häusern. Nach der letzten Aufstiegskehre besteht die Möglichkeit, auf einem nach links abzweigenden Pfad in 10 Min. zur **Abbruchkante des Felsmassivs** zu laufen. Der Blick von dort hinab auf die brandungsumtoste Playa del Inglés ist grandios.

Charakter: Eine Panoramatour im Valle Gran Rey. Aufgrund des großen Höhenunterschieds nur konditionsstarken Wanderern zu empfehlen. Die Tour startet quasi vor der Haustür aller Valle-Urlauber und führt auf einem steilen, aber gut ausgebauten Weg zu einer Ebene hoch überm Tal. Unterwegs begegnet man Hirten mit ihren Ziegen und genießt von einer Kapelle einen Blick ins tief liegende Palmental von Taguluche. Vom Bergdorf Arure fährt man dann entweder per Bus ins Valle zurück oder wählt die vom Hinweg bekannte Route.
Markierung: GR-132 rot
Ausgangspunkt: La Calera **31**, Valle Gran Rey
Endpunkt: Arure **39**
Länge: 6,5 km (nur Hinweg)
Dauer: 3½ Std.
Höhenunterschied: 800 m im Anstieg
Einkehr: Bars und Restaurants in Arure
Anfahrt: Startpunkt ist die Bar Parada am Fuß von La Calera. Parken kann man gegenüber der Bar, auch die Buslinien 1 und 6 halten hier.
Hinweis: Es empfiehlt sich, die Tour vor 10 Uhr morgens zu beginnen, damit man beim Aufstieg vom Schatten profitieren kann. Ganz wichtig: genügend Wasser mitnehmen!

Wanderung 1

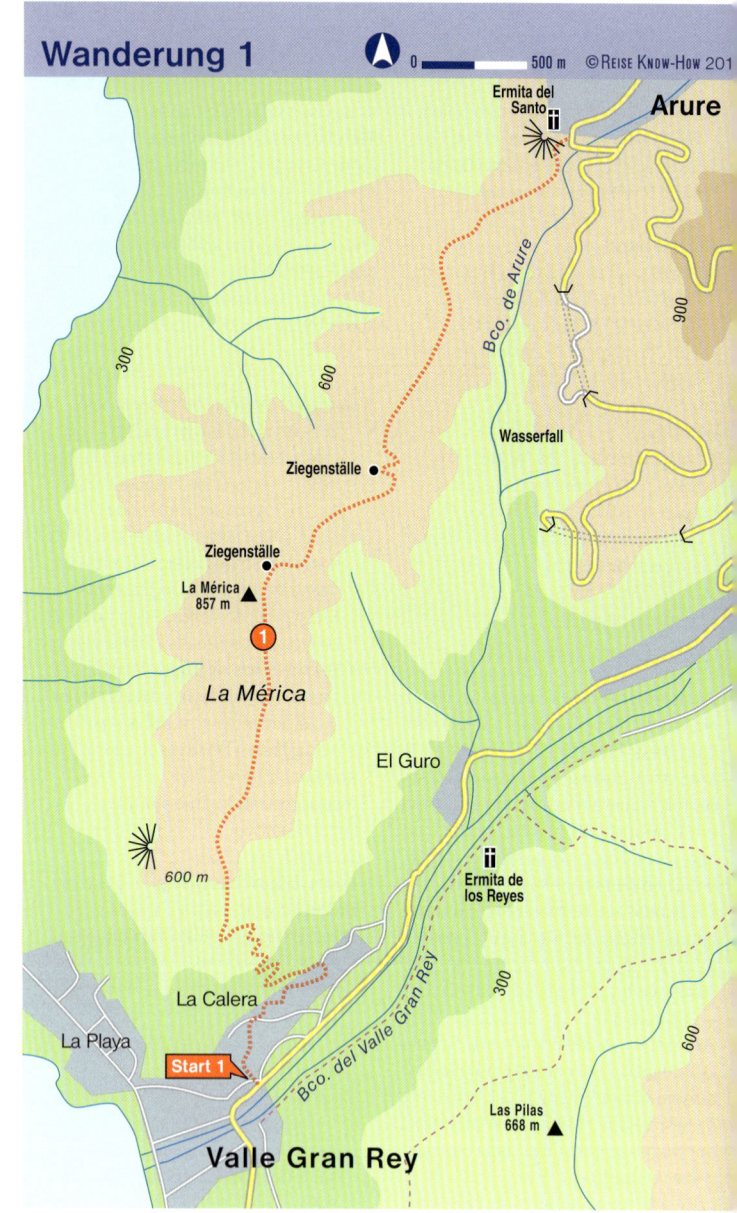

0 ▬▬▬ 500 m   © Reise Know-How 201

Arure

Ermita del Santo

Bco. de Arure

900

300

600

Wasserfall

Ziegenställe ●

Ziegenställe ●

La Mérica
857 m ▲

①

La Mérica

El Guro

600 m

Ermita de los Reyes

300

La Calera

Bco. del Valle Gran Rey

La Playa

Start 1

Las Pilas
668 m ▲

600

Valle Gran Rey

Zurück auf dem Hauptweg passiert man 5 Min. später eine Ruine mit rundem Dreschplatz und nach weiteren 15 Min. eine weitere Ruine, diesmal mit Zisterne. Aufgelassene Terrassenfelder auf der **Hochfläche La Mérica** (1 Std. 40 Min.) künden davon, dass hier einst intensiv Landwirtschaft betrieben wurde. Der Weg verläuft rechts am 857 Meter hohen **Gipfel Mérica** vorbei: Wer noch Kraft hat, kann ihn (nach links) in zehn Minuten besteigen.

Danach wird es noch einmal spektakulär: Dicht geht es durch eine rötliche Felsszenerie an der Abbruchkante entlang, immer mit Blick ins Tal und auf das zentrale Gebirgsplateau. Mehrfach passieren wir als Ziegenstall genutzte **Höhlen**. Durch einen Felseinschnitt gelangt man kurze Zeit später auf die Westseite des Kamms und dann – an einem Ziegengehege vorbei – zu einer Piste, auf der man nach rechts weitergeht. Kurz vor Erreichen der Straße lohnt ein Abstecher unter einem Viadukt zum **Mirador Ermita del Santo** (3 Std.), wo sich eine winzige, aus Vulkanstein erbaute Kapelle in den Steilhang krallt. Vor ihr wurden großzügige Terrassen angelegt, von denen man auf die über ein Trogtal verstreuten Häuser von Taguluche blickt.

Wieder zurück auf der Piste, erreicht man nach 100 Metern die Dorfstraße in Arure (3 Std. 30 Min.). Links geht es in fünf Minuten zum Lokal La Conchita, vor dem auch der aus San Sebastián kommende Bus hält. Nach rechts gelangt man in der gleichen Zeit zum Restaurant Jape (ebenfalls mit Bushaltestelle).

⌂ Nach dem Aufstieg: grandioser Blick auf Taguluche **44** *vom Mirador Ermita del Santo*

Wanderung 2: von Chipude nach La Fortaleza

Von der **Plaza in Chipude** folgt man der Hauptstraße in Richtung San Sebastián. Knapp 150 Meter hinter der Bar Tito biegt man links (ausgeschildert GR–131) an einem großen Haus in einen alten Camino ein. Dieser quert wenig später an einem Bushäuschen die Carretera General und führt abwärts zu einer weiteren, nach La Dama **29** führenden Straße. Man folgt ihr nach links, um nach nur 50 Metern wiederum links in einen Weg einzuschwenken. An einem attraktiven Landhaus vorbei geht es zur Straße im Weiler **El Apartadero.** Wir folgen der Straße zur Bar Los Camioneros, hinter der wir rechts (vor einer Leitplanke) in einen Weg einschwenken, der eine Straßenkehre abkürzt. Er mündet wenig später erneut in sie ein: Wir folgen ihr nach links ca. 40 Meter zurück – und schwenken rechts in eine gepflasterte, weiß-rot markierte Piste ein. Diese führt bergauf und verengt sich an den letzten Häusern von **El Pavón** zu einem Weg.

100 Meter weiter zweigt nach rechts unser Weg GR–131.1/La Fortaleza ab. Vor uns ragt die Fortaleza auf, die aus dieser Perspektive nicht besonders bedrohlich wirkt. Wenig später verengt sich der Weg und führt an Ruinen vorbei zu einer Gabelung am **Fortaleza-Sattel** (30 Min.). Der GR–131 weist nach links, wir aber halten uns rechts, um den Pfad sogleich nach rechts mit dem gelb markierten GR–131.1 zu verlassen. Nach schräg links führt er steil bergan. Es gilt sich durch einen ca. 7 m hohen „Schlot" hochzuziehen, was aber kein größeres Problem ist, weil ausreichend Halte- und Griffeinrichtungen vorhanden sind – mehr kletternd als gehend erreicht man den Grat. Dort hält man sich rechts und läuft, immer noch unter Zuhilfenahme der Hände, weiter hinauf zum grasüberwachsenen **Felsplateau.**

Der archäologisch ambitionierte Wanderer kann in unscheinbar aufgerichteten Steinen wabenartige Kammern entdecken, die aus **prähispanischer Zeit** stammen und wahrscheinlich als Pferch für Opfertiere dienten: Das verzweifelte Blöken der von der Mutter getrennten Jungtiere sollte in Zeiten der Dürre die Aufmerksamkeit Gottes erregen und auf die Not von Mensch und Tier hinwei-

Charakter: Die Tour führt aufs Gipfelplateau des Tafelbergs La Fortaleza, der wie ein Gigant aus der zentralen Hochebene aufragt. Die Wanderung ist kurz, aber kühn und schließt eine kleine Kletterpartie ein – bei Regen gefährlich. Trittsicherheit und Schwindelfreiheit sind Voraussetzung, dafür wird man oben mit einem prachtvollen Ausblick über den Inselsüden belohnt und lernt einen altkanarischen Kultplatz kennen.
Markierung: streckenweise identisch mit GR–131 (rot)
Ausgangs- und Endpunkt: Chipude **42**
Länge: ca. 5 km (hin und zurück)
Dauer: 2 Std.
Höhenunterschied: ca. 200 m im An- und Abstieg
Einkehr: Bars in Chipude und El Apartadero
Anfahrt: Startpunkt ist der Kirchplatz von Chipude mit Parkplatz und Bushaltestelle (Linie San Sebastián – Valle Gran Rey). Wer mit dem Auto unterwegs ist und die Tour abkürzen will, biegt in die Straße nach La Dama ein und stellt das Auto nach 1,3 km am Trafoturm im Weiler El Pavón ab.

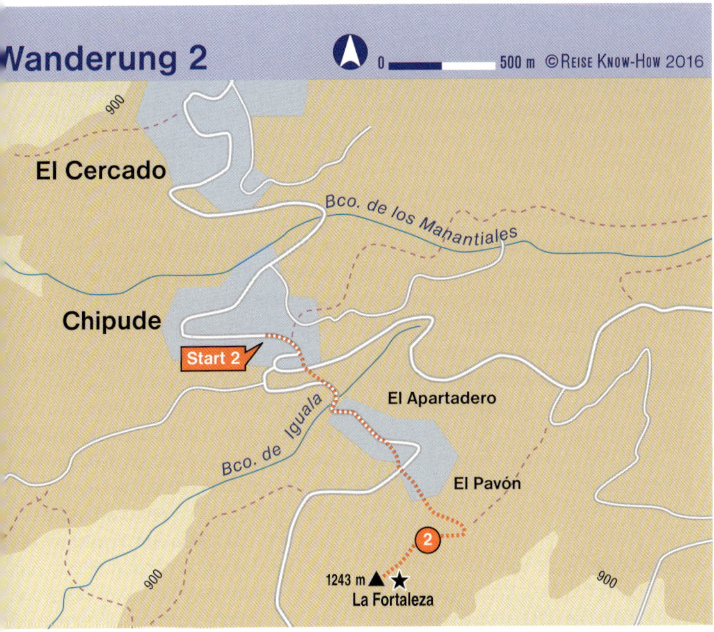

Wanderung 2

0 ⸺ 500 m ©Reise Know-How 2016

900

El Cercado

Bco. de los Manantiales

Chipude

Start 2

El Apartadero

Bco. de Iguala

El Pavón

900

2

1243 m ▲ ★
La Fortaleza

900

052ig-ti

sen. Wer sich auf der Hochebene aufmerksam umsieht, kann noch mehr entdecken: Steine, in doppelter Reihe kreisförmig aufgestellt, dienten als **Tagoror**, als Versammlungsplatz zwischen Himmel und Erde. Vom 1241 Meter hohen **Gipfelkreuz** (1 Std.) bietet sich ein spektakulärer Rundblick. Bei gutem Wetter sieht man die Nachbarinseln La Palma und El Hierro. Auf dem bekannten Weg geht es zum Ausgangspunkt in **Chipude** zurück (2 Std.).

▷ *Die „Festung" lockt*

Wanderung 3: Runde ab Alto de Contadero

Der seltsame Name **Alto de Contade-ro** („Anhöhe des Zählers") erinnert an eine Zeit, als die Bergbewohner hier noch Holz, Ziegenkäse und Fleisch verkauften und das dafür erhaltene Geld sorgfältig nachzählten. Vom Parkplatz führt ein ausgeschilderter Weg nordwärts in den Lorbeerwald hinein („Las Mimbreras/El Cedro"). Über Trittstufen steigt man bergab: Farne säumen den Weg, Baumkronen bilden ein dunkles, fast undurchdringliches Blätterdach. Zwischendurch hört man das Plätschern des El-Cedro-Bachs.

Nach 30 Minuten wird ein **Aussichtspunkt** erreicht, von dem der Blick zum Roque Gando und zum Teide reicht – Bänke laden zu einer Rast ein. 15 Minuten später wird der Bach auf Trittsteinen ein erstes Mal gequert, etwas später – diesmal auf einer Brücke – ein zweites Mal. Fünf Minuten später kommen wir zum Platz **Las Mimbreras.** Nichts erinnert mehr daran, dass dies einmal eine Campingfläche war (1 Std.).

Wir lassen den Waldplatz rechts liegen und gehen auf breiter Forstpiste geradeaus weiter. Nach ca. 35 Minuten verlassen wir sie in einer Linkskurve auf dem PR-LG 3.1 („Caserío de El Cedro 1,3"), halten uns kurz darauf an der Verzweigung rechts und laufen etwa drei Minuten bergab. Achtung: 10 Meter vor Erreichen einer Piste biegen wir scharf rechts ein; auch dieser Weg ist stark abschüssig! Er mündet nach ca. 15 Minuten in einen Fahrweg (1 Std. 55 Min.). Wir gehen links hinab, passieren mehrere Casas und erreichen auf der Piste das beliebte Terrassenlokal La Vista (s. S. 79) im Zentrum des Weilers **El Cedro** (2 Std.).

Vom Parkplatz des Lokals folgen wir der Piste zum Talgrund hinab, queren ihn und halten uns an der nächsten Gabelung rechts (PR-LG 3, Las Mimbreras – Garajonay). Wir verlassen die Piste nach etwa drei Minuten auf einer nach links abzweigenden Steintreppe, die uns vorbei an einigen Casas Rurales talaufwärts führt.

Am Schild „Parque Nacional" betreten wir wieder den vertrauten Lorbeerwald; einen rechts abzweigenden Weg ignorieren wir.

Nach weiteren knapp zehn Minuten stehen wir unvermittelt vor der schlichten Waldkapelle **Ermita**

Charakter: Dies ist die wohl am meisten gegangene Route des Nationalparks. Auf gut ausgebauten Wegen wandert man durch dunklen Lorbeerwald zum idyllischen Bergweiler El Cedro. Von dort geht es über die „Einsiedelei der Jungfrau von Lourdes" zum Ausgangspunkt zurück. Eigentlich eine leichte Tour, doch aufgrund des Höhenunterschieds etwas anstrengend.
Markierung: PR-LG 3 (gelb)
Ausgangs- und Endpunkt: Alto de Contadero an der Höhenstraße
Zwischenziele: El Cedro 🏕, Ermita de Lourdes
Länge: ca. 10 km (Rundwanderung)
Dauer: 4 Std.
Höhenunterschied: 600 m in An- und Abstieg
Einkehr: Gasthof in El Cedro
Anfahrt: Startpunkt ist der ausgeschilderte Parkplatz Alto de Contadero an der Höhenstraße, 1,2 km nördlich der Kreuzung von Pajarito (dort Bushaltestelle der Linie 1).

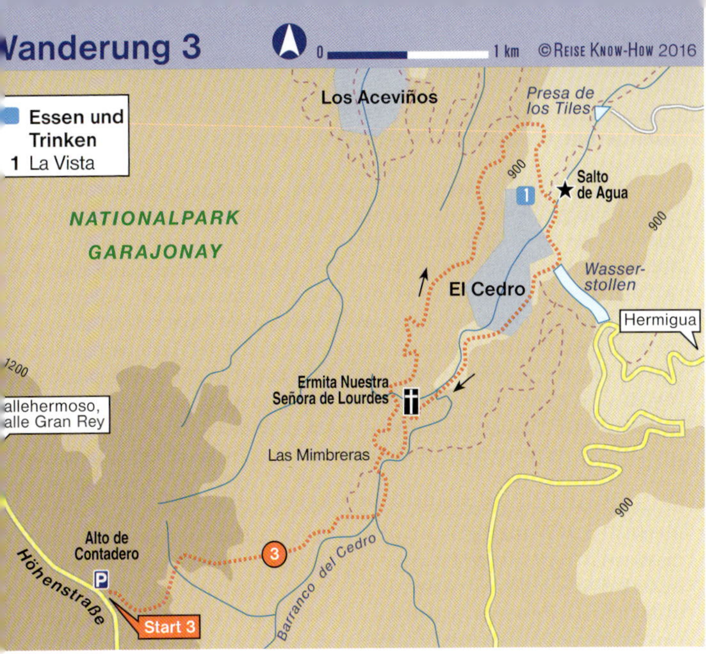

0 _____ 1 km   © REISE KNOW-HOW 2016

Los Aceviños

Presa de los Tiles

Essen und Trinken
1 La Vista

900

1

★ Salto de Agua

NATIONALPARK
GARAJONAY

El Cedro

900

Wasser-stollen

Hermigua

1200

Ermita Nuestra
Señora de Lourdes ✚

allehermoso,
alle Gran Rey

Las Mimbreras

900

Alto de
Contadero

3

Barranco del Cedro

Höhenstraße

P

Start 3

Nuestra Señora de Lourdes (2 Std. 30 Min., daneben befindet sich ein Picknickplatz). Sie wurde 1935 von der Engländerin Florence Stephen Parry gestiftet, die als Lehrerin im Haus eines Fischfabrikbesitzers beschäftigt war. Die Wallfahrt Romería de El Cedro, die an der Kapelle ihren Ausgang nahm, zählte zu den schönsten Inselfesten, wurde aber nach dem verheerenden Waldbrand von 1984 eingestellt.

Der Route führt nun am Ufer entlang aufwärts, mehrfach wird der Cedro-Bach auf kleinen Holzbrücken gekreuzt. Unser Weg stößt schließlich auf einen breiten Fahrweg, in den wir nach rechts erneut zum Waldplatz **Las Mimbreras** (2 Std. 45 Min.) einbiegen.

Wir queren die Brücke und folgen der Ausschilderung „4,2 Alto de Garajonay PR LG 3". Auf der fortan vom Hinweg bekannten Strecke kehren wir zum Ausgangspunkt der Tour zurück (4 Std.).

◁ *Einstieg in die Wanderung 3*

Wanderung 4: Runde ab Degollada de Peraza

Die zwischen zwei Felsen gelegene Einsattelung **Degollada de Peraza** bietet einen tollen Blick in den Barranco de la Villa und auf den dahinter aufragenden Gebirgskamm. Zwischen der Aussichtsterrasse und dem Bushäuschen steigt man auf einem breiten, gepflasterten Weg hinab („PR-LG 17 La Laja"). Nach knapp 20 Minuten ignoriert man einen rechts abzweigenden Weg und

Charakter: Der Weg ist das Ziel: Auf einem restaurierten Königspfad geht es längs einer Steilflanke fast bis zum Weiler La Laja hinab und von dort zur Familia de los Roques, einer Gruppe majestätischer Felsmonolithen hinauf – dieser Abschnitt gehört zu den schönsten der Insel! Anschließend folgt ein gemütlicher, fast die Höhe haltender Bummel zur „Kapelle der Schneejungfrau", von wo es nicht mehr weit zum Startpunkt ist. Eine problemlose Tour, doch aufgrund der steilen Ab- und Anstiege etwas anstrengend.
Markierung: erst PR-LG 17 (gelb), dann GR–131 (rot)
Ausgangs- und Endpunkt: Aussichtspunkt Degollada de Peraza **62**
Zwischenziele: La Laja, Roque Agando
Länge: 9 km (Rundwanderung)
Dauer: 3 Std.
Höhenunterschied: 700 m im An-/Abstieg
Anfahrt: Startpunkt ist die Degollada de Peraza (mit Parkausbuchtung) an der Carretera GM–2, Km 16, ca. 50 m vom Straßenabzweig nach Playa Santiago entfernt. Alle Busse von und nach San Sebastián, Valle Gran Rey und Playa Santiago halten hier.
Hinweis: Wer die Tour abkürzen will, läuft nur bis zum Roque Agando und steigt dort in den Bus.

folgt der Ausschilderung nach **La Laja**, dessen Häuser bald hinter einer Felsnase erscheinen. Man läuft einige Seitenschluchten aus und erreicht knapp oberhalb des Dorfs eine **Gabelung** (45 Min.): Geradeaus geht es nach La Laja hinab, wir aber halten uns links, wo sich unser mit „Roque Agando" ausgeschilderter Weg nach ca. fünf Minuten mit einem von unten heraufkommenden Camino vereint. In steilen Kehren windet sich der Weg aufwärts, wobei er von Kanarischen Kiefern und Eukalyptus- sowie Lorbeerbäumen beschattet wird. Eine ausgiebige Rast empfiehlt sich an der malerisch gelegenen Schutzhütte **Casa del Manco** alias Degollada del Tanque (1 Std. 45 Min.). „Schutzhütte" meint freilich nichts anderes als eine urige, mit trockenen Kiefernnadeln ausgelegte Ruine – im Notfall kann man in ihr übernachten. Links vom Haus schreitet man mit Blick auf die verwitterten Felsdome **Roque de la Zarzita** und **Roque de la Ojilla** bergan – ein großartiges Wegstück!

Weiter geht es auf dem breiten Weg aufwärts, vorbei an jungen Kiefern, die nach dem verheerenden Waldbrand von 1984 angepflanzt wurden. Teils über Stufen, teils über Steinpflasterung erreicht man die **Höhenstraße GM–2** (2 Std. 10 Min.), wo zur Rechten der mit Moos und Flechten bedeckte **Roque Agando** aufragt.

Wer Lust auf einen **Abstecher zum Mirador de los Roques** hat, folgt dem an der Straße rot ausgeschilderten Trampelpfad 300 Meter nach rechts zu einem kleinen Plateau am Fuß des Roque Agando, wo ein Denkmal an die Toten des Waldbrands erinnert. Bleibt man weitere 400 Meter auf der Straße, gelangt man zum schön an-

Wanderung 4

0 ———————— 1 km   © Reise Know-How 2016

Roque de Ojila ▲ 1170 m

Roque de la Zarcita ▲ 1234 m

Casa del Manco (Degollada del Tanque)

La Laja

Bco. de las Lajas

Mirador de los Roques

▲ 1250 m Roque Agando

Ermita de las Nieves

4

Degollada de Peraza

Tagamiche 979 m ▲

GM-2

Vegaipala

900

Start 4

GM-2

Playa Santiago

GM-3

San Sebastián

gelegten Mirador de los Roques, von dem sich ein toller Ausblick in den Barranco de Benchijigua und auf den Lorbeerwald bietet. Anschließend gehen wir die 700 Meter zu jener Stelle zurück, an der wir erstmals die Höhenstraße GM-2 berührten.

Auf dem **Hauptweg** folgen wir der Straße nun 200 Meter südostwärts über einen schmalen Bergrücken, um in einen nach links abzweigenden, gepflasterten Weg einzuschwenken (rot, „GR-131/Degollada de Peraza"). Er führt durch dichtes Erikagebüsch und flechtenbehangene Baumheide zur **Ermita Virgen de las Nieves**, der „Kapelle der Jungfrau vom Schnee" (2 Std. 30 Min.). Zwar ist das Kirchlein meist verschlossen, doch Holzbänke laden zu einer Verschnaufpause ein. Es gibt Trinkwasser und überdachte Grillplätze und selbst ein Backofen fehlt nicht.

Von der Aussichtsplattform öffnet sich ein weiter Blick gen Süden – an

klaren Tagen kann man die Nachbarinseln erkennen. Von der Ermita folgt man einem asphaltierten Sträßchen bergab und biegt nach 700 Metern – vor einer Rechtskurve – nach links in eine bergauf abzweigende Piste ein (GR-131), die bald in einen Weg übergeht. Dieser führt an einem umzäunten Gelände mit Haus vorbei. An der Kreuzung nahe dem Sendemast gehen wir geradeaus und steigen dann über eine Felstreppe steil zur Höhenstraße hinab. Wir folgen der Straße nach links, passieren nach 50 Metern den Abzweig nach Playa Santiago und erreichen nach weiteren 50 Metern den Startpunkt der Tour, die **Degollada de Peraza** (3 Std.).

▷ *Abstecher*
zur Familia de los Roques

Weitere Aktivitäten

Golfen

In Playa Santiago wurde hoch oben in Tecina der erste **18-Loch-Golfplatz** La Gomeras eröffnet. Mit einem Höhenunterschied von 180 Metern zwischen dem ersten und dem letzten Loch handelt es sich um einen anspruchsvollen Parcours. An Palmen vorbei schaut man aufs Meer und spielt mit Blick auf den majestätischen Kegel des Teide. Abends sind einige Spots beleuchtet, so das Putting Green oberhalb einer Lagune. Weitgereiste Golfer sind voll des Lobes und meinen, dieser Platz gehöre zu den schönsten der Welt! Es gibt ein Klubhaus und ein Café. Das Hotel Jardín Tecina (s. S. 32) liegt fünf Minuten entfernt.

■ **Tecina Golf** <116> Lomada de Tecina, Tel. 902222130, www.tecinagolf.com

Joggen

Flache Strecken sind rar, doch gibt es einen guten, fast immer am Meer entlang führenden Weg: Im Valle Gran Rey läuft man von Vueltas ㉟ über La Playa ㉜ bis Playa del Inglés (s. S. 49) insgesamt ca. 3 km (eine Richtung).

Radfahren

Die Insel ist zerklüftet und die **Steigungen** teilweise extrem – kein leichtes Pflaster für Sportsfreunde, die sich umweltfreundlich fortbewegen wollen. Beste Zeit für Biker sind Herbst, Winter und Frühjahr, selbst konditionsstarke Fahrer klagen in den Sommermonaten über zu große Hitze. La Gomeras Straßen sind bestens ausgebaut und auch ein paar attraktive Off-Road-Pisten gibt es. Gut gewartete Markenräder verleiht die **Bike Station Gomera** im Valle Gran Rey, der Pionier in Sachen Radfahren auf der Insel. Hier werden auch Touren unterschiedlichen Schwierigkeitsgrads organisiert, die nach einem Bustransfer am Rastplatz Laguna Grande – mitten im Lorbeerwald – starten. Ein ortskundiger Guide ist immer dabei, Kinder ab 12 Jahren können teilnehmen, wenn sie von ihren Eltern begleitet werden. Die Touren sind von der Umweltbehörde genehmigt und umfassend versichert. Sie führen z. B. zum Garajonay, dem höchsten Berg der Insel, über Hermigua zum Lorbeerwald von El Cedro und zum Aussichtspunkt Buenavista im rauen Nordwesten.

Anbieter

❯ **Gomera en Moto** (s. S. 32).
Nur Verleih von Rädern

■ **Gomera Bikes** <118> Calle Playa del Inglés 4, Valle Gran Rey (La Playa), Tel. 922805336, www.gomera-bikes. com. Geführte Touren und Shuttle-Service. Außer City- und Mountainbikes gibt es auch Motorroller mit 125 ccm (fahrbar mit Führerschein Klasse B).

❯ **Bike Station Gomera** <119> Av. Maritima 10, Valle Gran Rey (La Puntilla), Tel. 922805082, www.bike-station-gomera. com. Verleih von Beach Cruisers und hochwertigen Mountainbikes, Möglichkeit zur Teilnahme an abwechslungsreichen, nach Schwierigkeitsgrad gestaffelten Touren. Shuttlebus-Service von der Bike Station zum Rastplatz Laguna Grande im Inselzentrum. Außerdem Beratung und Reparaturservice.

❯ **Telémaco Rent a Bike** <120>
Plaza de la Encarnación 2, Hermigua, Tel. 922880812, www.tascatelemaco. com. Verleih von Mountain- und E-Bikes, dazu engagiert geführte Touren in den Nationalpark.

LA GOMERA ERLEBEN

Feste und Folklore

Jeder Ort hat seinen Schutzheiligen und damit Grund zum Feiern. Auf die Prozession folgt dann jeweils weltliches Vergnügen: Es wird gezecht und geschmaust, gesungen und getanzt.

Kirchenfeste sind auf La Gomera keine steifen Veranstaltungen, sondern **farbenprächtige Spektakel** mit viel Musik und Fröhlichkeit. Nach dem Gottesdienst folgt die **Prozession**: Eine Heiligenfigur wird durch den Ort getragen, vorneweg die Musiker, die mit ihren Trommeln und Kastagnetten den *baile del tambor* anstimmen. Die archaische, monoton vorgetragene Musik wird von einem Sprechgesang untermalt, der von Liebe, Piraterie und Emigration erzählt. Der Anblick der Tanzenden, die mit schlafwandlerischer Sicherheit ihre Schritte vollführen und sich von der Musik in eine Art Trance versetzen lassen, ist faszinierend. Lange Zeit glaubte man, dass der **Trommeltanz** altkanarischen Ursprungs sei. In Wirklichkeit verbinden sich in ihm jedoch die **Riten verschiedener Kontinente**: Die Musikinstrumente stammen von den Afroamerikanern der Karibik, die barocken Rhythmen aus Europa.

Nach der Prozession geht das **Fest** auf dem Dorfplatz weiter. Hier bietet sich die Möglichkeit, Kultur und Kunsthandwerk aus erster Hand kennenzulernen. Lokale Folkloregruppen spielen auf, dazu genießt man gegrilltes Fleisch, gegarte Maiskolben und Inselwein. Spät am Abend kommen auch die Jüngeren zum Zuge. In ohrenbetäubender Lautstärke erklingen Salsa- und Merengue-Rhythmen oder vielleicht auch die neuesten Latino-Hits aus Kuba, Venezuela und Spanien.

Die **nachfolgende Übersicht** ist eine Chronologie der wichtigsten Fiestas der Insel und wird von den nationalen Feiertagen ergänzt, an denen Behörden, Banken und Geschäfte geschlossen bleiben. Die Termine der Heiligenfeste können sich von Jahr zu Jahr ein wenig verschieben. Oft werden sie auf das nachfolgende Wochenende verlegt, damit auch die Verwandten aus Teneriffa teilnehmen können.

Januar

> 1. Januar: **Año Nuevo.** Die Inselbewohner versammeln sich auf dem Dorfplatz, vernaschen zu jedem Glockenschlag eine Weintraube und trinken Sekt. Anschließend gibt es in größeren Orten ein Feuerwerk.

> 5./6. Januar: **Cabalgata de los Reyes.** Am 5. Januar feiert man im Valle Gran Rey die Ankunft der Heiligen Drei Könige mit der *cabalgata,* einem großen Umzug. Das Fest ist hauptsächlich den Kindern gewidmet, die am darauffolgenden Tag ihre Weihnachtsgeschenke bekommen. Schauplatz der Fiesta ist die malerisch gelegene Ermita de los Reyes im Obertal.

> 20. Januar: **Fiesta de San Sebastián.** In der Inselhauptstadt wird das Fest des Schutzheiligen gefeiert.

Februar

> Februar: **Fiesta de Carnaval.** Auch auf La Gomera wird der Karneval groß gefeiert. Er wandert von einem Ort zum nächsten und viele Gomeros sind gleich mehrmals dabei. Besonders gut ist die Stimmung in San Sebastián und im Valle Gran Rey. Auf den großen Umzug, die **cabalgata,** folgen **verbenas,** ausgelassene Feste zum Rhythmus von Salsa und Merengue. Höhepunkt ist das „Begräbnis der Sardine" *(entierro de la sardina).*

März/April

〉 19. März: **San José.** Der Josefstag ist zugleich kanarischer Vatertag.

〉 April: **Semana Santa.** Ostern im Fackelschein mit Weihrauch und düsteren Trommelwirbeln: Festliche Veranstaltungen mit prachtvollen Prozessionen finden in der Karwoche vor allem in San Sebastián statt. Gefeiert wird am Gründonnerstag, Karfreitag und Ostersonntag, nicht aber am Ostermontag.

〉 24. April: **Fiesta de San Marcos.** Auf dem Kirchplatz von Agulo werden Feuer entfacht, der Beginn eines der spektakulärsten Inselfeste. Die jungen Männer des Ortes sollen zeigen, wie mutig sie sind. Können sie durch die Flammen springen, so werden sie – so heißt es – auch vor einem feuerspeienden Vulkan nicht zurückschrecken. Ist die Mutprobe bestanden, wird ausgelassen gefeiert.

Mai

〉 15. Mai: **Fiesta de San Isidro.** Der Schutzheilige der Bauern wird mit Festen in Chorros de Epina, La Palmita und Alajeró geehrt.

〉 Mai oder Juni: **Fiesta de Corpus Christi.** Zu Fronleichnam werden Häuserfassaden mit Fahnen und Girlanden geschmückt.

Juni

〉 13. Juni: **Fiesta de San Antonio.** Der heilige Antonius wird in San Sebastián und Valle Gran Rey gefeiert.

〉 Zweite Junihälfte: **Fiesta de los Piques.** In Agulo wird gefeiert und gekämpft: Es gibt gepfiffene Streitgespräche in der Silbo-Sprache (s. S. 38), dazu Stockfechten und kanarischen Ringkampf.

〉 24. Juni: **Fiesta de San Juan.** Zur Sommersonnenwende werden in der Nacht des heiligen Johannes vielerorts Feuer

EXTRAINFO

Beerdigung der Sardine

Karneval wird vielerorts gefeiert, doch eine „Beerdigung der Sardine" gibt es nur auf den Kanaren! Sie ist Höhe- und Schlusspunkt des zweiwöchigen Ausnahmezustands: Als „Schwarze Witwen" verkleidete Männer und Frauen in Grabeskluft schreien sich den Schmerz von der Seele, während eine überdimensionale Fischskulptur mit Schmollmund auf einem Floß aufs nächtliche Meer hinausgetrieben wird. Dann werden die im Fischbauch versteckten Feuerwerkskörper entzündet und der Riesenfisch verbrennt vor den Augen der untröstlichen Trauergemeinde ... Doch dann heißt es „Viva el Carnaval!" – im nächsten Jahr darf weiter gefeiert werden!

entzündet, so in San Sebastián, Valle Gran Rey und Vallehermoso.

〉 29. Juni: **Fiesta de San Pedro.** Schiffsprozessionen und kleinere Feste in Valle Gran Rey, Hermigua und Vallehermoso.

Juli

〉 Mitte Juli: **Fiesta de Nuestra Señora del Carmen.** Carmen ist die Schutzpatronin der Fischer und Seeleute. Eine Schiffsprozession führt um den 16. Juli von Valle Gran Rey nach La Rajita und zurück. Das mehrtägige Fest wird mit einem großen Feuerwerk abgeschlossen. Gefeiert wird auch in San Sebastián, Playa Santiago und Vallehermoso.

〉 Mitte Juli: **Fiesta de Santiago Apóstol.** Der heilige Jakobus ist Schutzheiliger der Ortschaft Playa Santiago. Am Meer wird ihm zu Ehren ein großes Volksfest zelebriert.

《 *Seite 95: Künstler lassen sich gern von Gomeras Natur inspirieren*

Offizielle Feiertage

- ❭ **1. Januar:** Neujahr *(Año Nuevo)*
- ❭ **6. Januar:** Tag der Heiligen Drei Könige *(Los Reyes)*
- ❭ **1. Mai:** Tag der Arbeit *(Día del Trabajo)*
- ❭ **30. Mai:** Tag der kanarischen Autonomie *(Día de Canarias)*
- ❭ **15. August:** Mariä Himmelfahrt *(La Asunción)*
- ❭ **12. Oktober:** Tag der spanischsprachigen Welt *(Día de Hispanidad)*
- ❭ **1. November:** Allerheiligen *(Todos Los Santos)*
- ❭ **6. Dezember:** Verfassungstag *(Día de la Constitución)*
- ❭ **8. Dezember:** Mariä Empfängnis *(La Inmaculada)*
- ❭ **25. Dezember:** Weihnachen *(Navidad)*

Feiertage ohne festes Datum sind Karnevalsdienstag *(Martes del Carnaval),* Gründonnerstag *(Jueves Santo),* Karfreitag *(Viernes Santo)* und Ostersonntag *(Domingo de Pascua).* Jede Gemeinde kann darüber hinaus **zwei lokale Feiertage** für das Jahr festlegen.

August

- ❭ **8. August: Fiesta de Santo Domingo.** Auf dem Platz im Obertal von Hermigua steigt ein mehrtägiges Fest mit Tontaubenschießen, Trommeltanz und viel Musik.
- ❭ August: Der August steht im Zeichen der Madonna: **Maria Lichtmess,** die Patronin La Gomeras **(Virgen de la Candelaria),** wird am 15. August mit einem Inselfeiertag geehrt und in Chipude steigt eines der größten Inselfeste. Nach der feierlichen Prozession vergnügt man sich ein ganzes Wochenende lang mit Musik und Tanz.

- ❭ 16. August: **Fiesta del Ramo.** In der Kapelle San Salvador von Arure dankt man dem Heiligen mit aus Zweigen geflochtenen Girlanden *(ramo* = Zweig).
- ❭ 23. August: **Santa Rosa de Lima.** Auf dem Dorfplatz von Las Rosas (bei Agulo) erklingt authentische Inselfolklore.

September

- ❭ Anfang September: **Fiesta de la Virgen del Pino.** In El Cercado wird zu Ehren der „Jungfrau des Kiefernbaums", der Schutzpatronin der Kanaren, ein Fest gefeiert.
- ❭ Erstes Wochenende im September: **Fiesta de la Virgen de Coromoto.** Auf dem Kirchplatz von Las Hayas sieht man Grillöfen und Picknickbänke und man gedenkt der Schutzpatronin Venezuelas. Viele Bewohner des Orts waren in den 1940er- und 1950er-Jahren dorthin emigriert und noch immer sind die Bande zur „achten kanarischen Insel", wie das große südamerikanische Land liebevoll genannt wird, sehr eng.
- ❭ 8. September: **Fiesta de la Encarnación.** Auf dem Platz im Untertal von Hermigua steigt ein großes, mehrtägiges Fest mit Prozession, sportlichen Wettkämpfen, Tanz und Folklore.
- ❭ 13. September: **Fiesta de Nuestra Señora del Buen Paso.** In Alajeró startet eine große Wallfahrt zur Kapelle „Unserer lieben Frau des guten Weges". Die Ankunft wird mit einem Feuerwerk gefeiert, anschließend vergnügt man sich zwei Tage bei Musik und Tanz.
- ❭ 24. September: **Fiesta de Nuestra Señora de las Mercedes.** Mit Prozession und Tanz wird die Schutzpatronin von Agulo bei Laune gehalten.

❭ *Im November huldigt man in Hermigua* ⑮ *dem Heiligen Andreas*

Oktober

› 2. Oktober: **Fiesta de Santa Catalina.** Zu Ehren der Schutzheiligen der Philosophie und Theologie begeht man am Strand von Hermigua ein buntes Fest.

› Erster Sonntag im Oktober: **Fiesta del Rosario.** Eine kleinere Feier findet im Obertal von Hermigua zu Ehren der Rosenkranz-Madonna statt.

› 5. Oktober: **Fiesta de Nuestra Señora de Guadalupe.** Bedeutendes, alle fünf Jahre stattfindendes Inselfest (2018, 2023). Gomeros aus Venezuela und Kuba lassen die Prozession zu einem mächtigen Menschenstrom anschwellen, der von San Sebastián zum Kap Puntallana pilgert. Von dort wird die Madonna in einer mit Wimpeln geschmückten Schiffsprozession in die Hauptstadt gebracht, wo über mehrere Tage gefeiert wird.

› Zweiter Oktobersonntag: **Fiesta de la Virgen de las Nieves.** An der Kapelle am Roque de Agando findet ein Fest zu Ehren der „Schneejungfrau" statt.

November

› 1. November: **Todos los Santos.** Alle Geschäfte bleiben zu Allerheiligen geschlossen. Man pilgert zu den Gräbern der Vorfahren, legt Kränze nieder und entzündet Kerzen, grillt Maronen und isst Nüsse.

› 30. November: **Fiesta de San Andrés.** In den Bars Vallehermosos und vielen weiteren Dorfschenken des Inselnordens wird, begleitet von musikalischen Einlagen, frisch gekelterter Wein ausgeschenkt.

Dezember

› 6. Dezember: **Día de la Constitución Española.** Der Tag der spanischen Verfassung ist mit dem gleichfalls arbeitsfreien 8. Dezember ein guter Vorwand für

sb/gigo50

die längste *puente* (Brücke) des Jahres: Viele Canarios schaffen es, der Arbeit gleich mehrere Tage fernzubleiben und auf Reisen zu gehen.

› 13. Dezember: **Fiesta de Santa Lucía.** Fest zu Ehren der „Lichterkönigin".

› 24./25. Dezember: **Fiesta de la Navidad.** Weihnachten auf La Gomera: Tannenbäume am Strand, „Jingle-Bells"-Songs im Supermarkt und Großeinkäufe. Schon einige Tage vor Weihnachten ziehen Musiker von Haus zu Haus und singen traditionelle Weihnachtslieder, die *villancicos.* Heiligabend trifft sich die Familie zum Festmahl, um anschließend zur Mitternachtsmesse zu gehen. In vielen Kirchen werden schöne Krippen aufgestellt.

057lg-gs

La Gomera kulinarisch

Höhepunkt eines jeden Ausflugs ist die Einkehr in einem **gomerischen Gasthof.** Deftig und einfach ist hier die Kost und es riecht nach verbranntem Holz, Maronen und Kräutern. Frische Zutaten und eine originelle Zubereitung machen selbst aus einfachen Gerichten einen Gaumenschmaus.

Deftige Vorspeise

Als Appetithappen empfiehlt sich **almogrote:** Reifer geriebener Ziegenkäse wird mit scharfem Paprika bzw. Chili, Tomaten, Knoblauch und Olivenöl püriert, sodass eine streichfähige Creme entsteht. Das fertige Produkt wird zu **pan bizcochado** gereicht – Brot, das im Ofen geröstet wurde. Almogrote schmeckt auch zu Pellkartoffeln und Pommes. Alternativ gibt es **queso asado:** Räucherkäse, der scheibenweise angebraten und mit grüner **Mojo-Soße** serviert wird.

⌂ Das schmeckt: Avocadosalat mit einem Schälchen „almogrote", dazu ein Glas Gomera-Wein in der Tasca Telémaco (s. S. 75) in Hermigua

Kresseeintopf und Kichererbsen

Der erste Hunger wird mit **sopa de berros** gestillt. Pepe aus Agulo verrät das Rezept: Man nehme Maiskolben, Zwiebeln und geschälte Kartoffeln und werfe sie zusammen mit Bohnen und Schweinerippchen in erwärmtes Salzwasser. Kurz bevor das Gemisch zu brodeln beginnt, kommt das Wichtigste hinzu: ein Bund feingehackte **Wildkresse** und eine Gewürztunke aus Öl, zerstoßenem Paprika, Kümmel und Salz. Nach einer Stunde Kochzeit sind die Kartoffeln weich und das große Mahl kann starten. In Bergorten wie El Cedro wird die Suppe eventuell noch mit geriebenem Hartkäse bestreut und rustikal in Schalen aus Zedernholz serviert.

Nichts Gutes verheißt der Name **ropa vieja** („alte Wäsche"), doch dieser Eindruck trügt. Hinter diesem klassischen Resteessen (daher der Name) verbirgt sich ein kräftiger, nahrhafter **Kichererbseneintopf** mit allerlei Fleischstücken und Thymian, abgeschmeckt mit Wein. Auch **garbanzos,** die fleischlose Variante, ist so sättigend, dass sie oft als eigene Mahlzeit ausreicht. Als **potaje** präsentiert sich ein Gemisch aus Kürbis, Kartoffeln und Mais und die arbeitsintensive **potaje de ñames** mit Yamswurzeln, Koriander und Pfeffer kommt meist nur am Wochenende auf den Tisch – so bei Doña Amparo in Las Hayas (siehe Amparo, S. 59).

(siehe Amparo, S. 59)

EXTRAINFO

Trinkgeld
In Restaurants sind 5 bis 10 % Trinkgeld üblich, freilich nur, wenn man mit der Bedienung wirklich zufrieden war.

Gofio – die bevorzugte Beilage

Dieses **Nahrungsmittel aus geröste-tem Mais- und Gerstenmehl** kannten schon die Altkanarier. Sie verrührten es mit Wasser oder Milch zu einer festen Masse, die sie in einem Beutel aus Ziegenleder aufbewahrten: Für Hirten und Jäger, die oft tagelang unterwegs waren, war dies ein nahrhafter Wegproviant. Heute wird *gofio* zu allen erdenklichen Speisen gereicht. Man isst ihn zu Eintopf und Fisch oder streut ihn in Kaffee und Wein. Besonders ausgefallen schmeckt *gofio con miel*. Er wird mit mittelaltem Ziegenkäse, Honig und Mandeln zu einem festen Laib geformt und dann in Scheiben geschnitten.

Fisch und Fleisch

Die Auswahl an frischem **Fisch** auf La Gomera ist groß. In Küstenorten wird er am Morgen gefangen und noch am gleichen Tag findet er sich auf den Tellern der Restaurantgäste wieder. Es gibt Thunfisch und Seehecht, Wrack- und Zackenbarsch und seltener den bunt gefärbten Papageienfisch, dessen delikates Fleisch nach Karpfen schmeckt. Meist wird der Fisch *a la plancha* zubereitet: auf einer heißen Metallplatte gebraten und anschließend mit Kräutern und Knoblauch gewürzt. Aus der Familie der Tintenfische sind die **calamares** am begehrtesten. Ihr weißes, festes Fleisch wird erst in Ringe geschnitten, danach paniert und gebraten. Die goldgelbe Kruste schmeckt besonders lecker, wenn sie mit Zitronensaft beträufelt ist. Kleiner sind **cho-cos**, die unzerteilt und meist auch unpaniert gegrillt werden. Gleichfalls zur Gruppe der Tintenfische gehören der winzige, dünnhäutige **chipirón** und der pikant eingelegte **pulpo**. Aus der Zeit, da in La Rajita und Playa Santiago Fischfabriken existierten, stammt die Erfindung des **caviar gomero**: in Öl eingelegte Makreleneier, die als Brotaufstrich gegessen werden. Heute wird der „Kaviar" aus Teneriffa eingeführt und in Läden zu stolzem Preis angeboten.

Auch wer **Fleisch** mag, kommt auf La Gomera auf seine Kosten. Tausende Ziegen weiden auf der Insel, im Stall hält man Kaninchen und Schweine. Am liebsten wird ihr Fleisch mit Knoblauch, Öl und Oregano mariniert und anschließend gebraten oder gegrillt. Als Köstlichkeit zur Weihnachtszeit gilt *baifo barrado,* herzhaft gewürztes Zicklein, das in Kohlenglut zubereitet wird.

▷ *Auch Muscheln werden gern mit Mojo-Soße beträufelt*

Lokale mit guter Aussicht

> **Junonia** (s. S. 33): Fisch mit Blick auf Meer und Hafen
> **La Chalana** (s. S. 33): Strandbar, näher am Meer geht es nicht
> **Orquídea** (s. S. 54): Über das Bananenmeer schaut man auf die Küste.
> **Mango** (s. S. 54): mit kleiner Terrasse zum Sonnenuntergang
> **Tambara** (s. S. 55): hoch über wilden Wellen
> **Cofradía de Pescadores** (s. S. 56): Bunte Boote sind zum Greifen nah.
> **38** [C4] **Mirador del Palmarejo**: fantastischer Talblick, schöne Architektur
> **52** [F2] **Mirador de Abrante**: Ein Bild „für die Götter"! Über Steilflanken schaut man nach Agulo hinab und übers Meer bis zum Zuckerhut des Teide auf Teneriffa.
> **El Faro** (s. S. 76): Von der Dachterrasse blickt man ins grüne Tal.
> **Chiringuito de la Caleta** (s. S. 74): am brandungsumtosten Strand
> **La Vista** (s. S. 79): Der Name sagt alles. Hier hat man einen schönen Blick!

Lecker vegetarisch

Längst gibt es auf La Gomera **Reformhäuser** und **Naturkostläden**. Im Valle Gran Rey kann man sich in jedem Ortsteil mit Bio-Lebensmitteln eindecken. In zahlreichen **Bars** gibt es frisch gepresste Obstsäfte, oft in exotischen Varianten. In **traditionell gomerischen Lokalen** am Meer ist Fisch Trumpf, in den Bergen Fleisch – Grünzeug, so meint man, sei nur gut fürs Vieh. Einzige Ausnahme ist die Casa Efigenia, in der es seit Jahrzehnten Veggie-Gerichte gibt.

Dank vieler zugereister Köche gibt es v. a. im Valle Gran Rey **30** aber inzwischen etliche Lokale, die **Gerichte für Vegetarier** bereit halten. In der Finca Argayall (s. S. 47) wird ein Abendmenü mit Obst und Gemüse aus eigenem Bio-Anbau aufgetischt (Reservierung für Nicht-Hotelgäste obligatorisch) und wer sich mit Kostproben aus dem „tropischen Fruchtgarten" bescheiden will, nimmt an den zweimal wöchentlich stattfindenden Führungen durch die Plantage teil. Auch im **Bio-Hotel El Cabrito** (s. S. 27) gibt es Vieles aus eigenem Bio-Anbau.

> **Bistro La Forastera** (s. S. 23): Terrassenlokal mit frischen, appetitlich arrangierten Tagesgerichten
> **Colorado** (s. S. 54): Suppen, Aufläufe und mehr
> **Zumería Carlos** (s. S. 54): der Pionier unter den Saftbars
> **El Baifo** (s. S. 54): malaysische Küche, auf Wunsch fleischlos
> **TuYo** (s. S. 55): Fusion Food mit vegetarischem Einschlag
> **Café del Sol** (s. S. 56): rein vegetarische Küche
> **Casa Efigenia** (s. S. 60): Veggie-Pionierin in den Bergen
> **Tasca Telémaco** (s. S. 75): Gesundes aus (eigenem) Bio-Anbau

Die Klassiker

Stets passend zu Fisch und Fleisch sind **papas arrugadas con mojo**: kleine junge **Kartoffeln**, die ungeschält in stark gesalzenem Wasser gekocht werden, bis das auskristallisierte Salz die Kartoffeln mit einer silbrigen Kruste überzieht. Anschließend werden sie in **mojo** getunkt, eine **scharfe Soße**, die in roter oder grüner Farbe aufgetischt wird. „Rot" verrät die Beigabe von Chili und Paprika, „grün" die von Petersilie und Koriander.

Wer Fisch oder Fleisch „venezolanisch verpackt" genießen möchte, bestellt eine **Teigtasche aus Maismehl**. Sie wird **arepa** genannt: ein kulinarisches Mitbringsel der vielen Gomeros, die jahrzehntelang in Venezuela gelebt haben.

Nachtisch: herzhaft oder süß

Gereifter **Schafs- und Ziegenkäse** beendet das Mahl. Wer es lieber süß mag, bestellt **Mandelkuchen**, der mit Palmsirup beträufelt wird. **Quesillo** ist eine Art Karamellpudding und bei **leche asada** handelt es sich um „gebackene Milch". Sie ist mit Eiern, Zucker und Zitrone angereichert. **Tarta de cuajada** wird aus Frischkäse und Eiern zu einem Quarkkuchen verarbeitet. Vor allem zur Weihnachtszeit isst man **tarta de vilana**, eine Mélange aus Mandeln, Rosinen und Kartoffeln. Viele Nachspeisen werden mit einem Löffelchen Palmhonig beträufelt – das gibt ihnen einen raffinierten Geschmack!

Getränke

Seit Jahrhunderten werden auf La Gomera **Weinreben** gepflanzt. Die winzigen Anbauflächen, die dem gebirgigen Terrain abgetrotzt sind, befinden sich vor allem im fruchtbaren Norden. Um die groblöchrigen Bambusmatten, die die Erde bedecken, ranken sich die Reben **Forastera Blanca** und **Marmujuelo**, aus denen zumeist kräftig-herber **Weißwein** (z. B. Roque Cano und Los Órganos) gekeltert wird. Aus Weinverschnitt und Palmhonig entsteht der Likör **mistela**, Palmhonig und Rum werden zum hochprozentigen **gomerón** gemixt.

◿ *Die Klassiker: Mangos, Avocados und Limetten*

Preiswert ist das auf Teneriffa gebraute **Bier** Cerveza Dorada, das aus Fass oder Flasche kommt, alternativ gibt es Importbier unterschiedlicher Marken. Wer keinen Alkohol mag, greift zu **Mineralwasser,** das aus den Quellen Teneriffas und Gran Canarias stammt.

Essenszeiten

Das **Mittagessen** *(almuerzo)* findet in der Regel von 13 bis 16 Uhr, das **Abendessen** *(cena)* von 20 bis 23 Uhr statt. In Orten, wo Gomeros in der Minderheit sind, wurden die Öffnungszeiten den Bedürfnissen der Touristen angepasst. Das Abendessen wird dort meist schon ab 19 Uhr serviert und nachmittags oft gar nicht geschlossen. Für den kleinen Hunger zwischendurch empfehlen sich **tapas:** kleine, schmackhafte Portionen von Fisch, Fleisch und Salat, die man meist aus offenen Schüsseln auswählen kann.

Was wo kaufen?

In jedem größeren Ort gibt es einen **Supermarkt**, in dem man von Butter über Vollkornbrot bis zum Alpen-Müsli alle von zu Hause bekannten Lebensmittel kaufen kann. Die Preise haben in etwa mitteleuropäisches Niveau. Doch noch findet man auch sie: **kleine Läden,** die schon dem Urgroßvater gehörten und die mit Flaschen und Dosen, Fässern mit gedörrtem Fisch und Körben mit Obst vollgestellt sind. Auf dem Tresen stapeln sich Käselaibe und luftgetrocknete Schinkenkeulen baumeln von der Decke (z. B. die Casa Rafael Cordero in Vallehermoso, s. S. 67).

In der Hauptstadt San Sebastián ❶ hat eine (sterile) **Markthalle** leider den traditionellen Samstagsmarkt ersetzt. Auch in Vallehermoso ㊻ gibt es eine winzig kleine Markthalle, in der sich Bauern mit tief herabgezogenem Hut einfinden, die Zigarre im Mundwinkel, um sich hier mit alten Bekannten zu treffen, während ihre Frauen plaudernd die Einkäufe erledigen.

Am schönsten ist der **Sonntagsmarkt im Valle Gran Rey** (Borbalán), wo originelles Kunsthandwerk und auch Kulinaria verkauft werden (Mercadillo im Valle, s. S. 44).

Kunsthandwerk

Kunsthandwerker bemühen sich, die alten Traditionen vor dem Aussterben zu bewahren. Direkt vom Hersteller kauft man Keramik im „**Töpferdorf**" **El Cercado** ㊶.

Die **Palme**, Königin der kanarischen Bäume, liefert den Rohstoff für vielerlei Souvenirs: Aus ihren Blättern werden Matten, aus den Wedelrippen Körbe geflochten.

▱ *Von Hand geformte Gefäße – in Marías Werkstatt in El Cercado* ㊶

Tischdecken und Servietten werden aus weißem **Leinen** genäht und mit **Lochstickerei** *(calados)* verziert. Farbenfroh präsentiert sich die **Reliefstickerei** *(bordado)* mit kunstvollem Blumenornament.

Musikfreunde könnten sich für *chácaras* interessieren, große **Kastagnetten**, die aus dem Holz des Maulbeerbaums geschnitzt und anschließend auf Hochglanz poliert werden. Ihr Name ist amerikanischen Ursprungs: *Chacareros* heißen noch heute die Schamanen der schwarzen Karibikbewohner. Auch *tambor* und *timple* haben ihr Vorbild in der Neuen Welt. Der **tambor** ist eine kleine, mit Ziegenhaut bespannte Trommel, die **timple** ein viersaitiges Lauteninstrument, das an eine Miniaturgitarre erinnert. Sie ist aus der kanarischen Folklore nicht wegzudenken, denn ihr heller Klang begleitet fast jedes Lied.

Kulinaria

Schmecken Sie La Gomera! Probieren Sie den **Inselwein** von den kleinen Anbaugebieten im Norden, den scharfen **Inselschnaps** und den süßen **Likör!** Auch die exotischen **Marmeladen** und **Bienenhonige**, die **luftgetrockneten Bananenscheiben**, die **Quittenpaste** sowie die **Mandelmousse**, die übersetzt „es-schmeckt-mir-gut" *(bienmesabe)* heißt, sind lecker.

Eine Köstlichkeit, die sich auch gut mitnehmen lässt, ist der **Inselkäse.** Er wird aus roher Milch gewonnen und ist in verschiedenen Reifegraden erhältlich: Da gibt es zarten Frischkäse *(queso tierno),* Halbgereiften *(semicurado)* und Reifen *(curado).* Eine Delikatesse ist auch der Räucherkäse *(ahumado),* der – je nachdem, womit das Feuer angefacht wurde – nach Mandel, Kiefer oder Trockenkaktus

Palmenhonig – Süßes vom Baum

„Der Baum blutet" sagen die Gomeros, wenn sie eine Palme anzapfen. Gewandt klettern sie zur Baumspitze und schneiden die Kronblätter heraus, damit im Stamm eine Höhlung entsteht. Aus der frischen Wunde tropft der milchige, nach Kokosnuss schmeckende Saft, der nach dem amerikanischen Ketschua-Wort **guarapo** genannt wird. Vor Sonnenaufgang muss er aufgefangen werden, damit er seinen Geschmack beibehält. Eine Palme liefert täglich 6 bis 12 Liter Flüssigkeit. Kocht man sie ein, verfestigt sie sich zu einem zähflüssigen Sirup, dem **Miel de Palma** (Palmenhonig). Er ist nicht nur ein köstlicher Brotaufstrich, sondern wird auch zum Mixen hochprozentiger Schnäpse und zur Zubereitung süßer Nachspeisen verwendet. Als Heilmittel er ist gleichfalls begehrt: Man nimmt ihn wegen seiner wichtigen Spurenelemente bei Erkältung und Husten. Den besten Palmhonig erhält man in Vallehermoso 46 und den nahegelegenen Weilern Alojera 45 und Tazo (www.mieldepalma.com).

schmeckt. Eine La-Gomera-Spezialität ist der Streichkäse *almogrote,* der auch in kleinen Glastöpfchen zum Mitnehmen angeboten wird.

Geschäftszeiten

In der Regel sind die Geschäfte von 9 bis 13 (Mo–Sa) und von 17 bis 20 Uhr (Mo–Fr) geöffnet. Sofern es sich um „touristische" Gemeinden handelt, bleibt es Ladeninhabern freigestellt, ihre Geschäfte auch an Sonn- und Feiertagen zu öffnen.

Natur erleben

Vulkanismus – dem Erdinnern entwachsen

Zusammen mit den weiter östlich gelegenen kanarischen Schwestern zählt La Gomera zu den **ältesten Inseln der Welt.** Vor 40 Millionen Jahren begann sich der unterseeische Sockel des Archipels herauszubilden. Bei seiner Entstehung ist freilich bedeutend älteres Gestein aus dem Meeresboden hinaufgeschleudert worden. So wurde an der Westküste Fuerteventuras 174 Millionen Jahre alte ozeanische Kissenlava entdeckt! Um sich eine Vorstellung von diesem Alter zu machen, muss man sich vergegenwärtigen, dass sich erst kurz davor die Kontinente Afrika und Amerika voneinander getrennt hatten und auseinander zu driften begannen.

An eben dieser Bruchstelle der Kontinente ist in 100 Kilometer Tiefe ein **Magmaherd** (Hotspot) aktiv. Im Laufe von 20 bis 30 Millionen Jahren beförderte er Magma aus dem Erdinneren nach oben, das im Wasser erkaltete und sich zu unterseeischen Gebirgen auftürmte. Dies geschah in großen zeitlichen Abständen, in denen die afrikanische Kontinentalplatte über dem Magmaherd langsam nach Osten wanderte (zurzeit 2 cm/Jahr). So erklärt sich, dass die Kanarischen Inseln nacheinander entstanden, wobei ihr Alter von Ost nach West abnimmt. Fuerteventura und Lanzarote, die beiden im Osten gelegenen Inseln, sind mit 24 Mio. Jahren die ältesten, danach folgten Gran Canaria (15 Mio.), Teneriffa (12 Mio.), La Gomera (9 Mio.), La Palma (2 Mio.) und El Hierro (1 Mio.).

La Gomera wuchs vor neun Millionen Jahren als sanft gewölbte Halbkugel über die Meeresoberfläche hinaus. Kaum war das geschehen, traten die Kräfte der **Erosion** in Aktion. Wind und Wasser hatten viel Zeit, tiefe Schluchten, die sogenannten **Barrancos**, ins Gestein zu fräsen, wobei immer wieder neue Ausbrüche das Antlitz der Insel veränderten. Die letzte Eruption ereignete sich auf La Gomera vor 2,8 Millionen Jahren. Seitdem wurden die Vulkankegel abgetragen, nur das harte Kerngestein der Magmaschlote blieb bestehen. Zeugen dieses Verwitterungsprozesses sind gigantische Felsruinen, **Roques** genannt. Beste Beispiele sind der turmartige Roque Agando im Nationalpark und der Roque Cano in Vallehermoso. Auch das Meer hat zu La Gomeras Aussehen beigetragen. Die Brandung hat die Küsten derart „angesägt", dass heute rings um die Insel fast senkrechte Klippen aufragen. Im **Besucherzentrum Juego de Bolas** 🛑 wird La Gomeras vulkanische Entstehung anschaulich erläutert. Reliefmodelle zeigen, wie die Insel gewachsen ist.

Wind und Wetter

Für viele ist es schwer zu verstehen, dass eine so überschaubar kleine Insel wie La Gomera so viele **Mikroklimata** hat. So kann es passieren, dass man in der Hauptstadt San Sebastián bei Nieselwetter eintrifft und bei der Inselquerung im Nationalpark seine wärmsten Sachen auspackt, nur um sich in Playa Santiago oder Valle Gran Rey im Süden bzw. Südwesten schwitzend die Jacke vom Leib zu reißen. Als Faustregel gilt: Der **Norden** ist feucht-kühl, der **Süden** trocken-sonnig, wobei das zentrale Gebirgsmassiv um den 1487 Meter hohen Garajonay in der Insel-

mitte als **Wetterscheide** wirkt. Zu der Nord-Süd-Einteilung kommen die Klimaunterschiede nach **Höhenlage:** Für 100 Höhenmeter muss man ein Grad abziehen. Wenn es etwa in Valle Gran Rey auf der Inselsüdhälfte 25 Grad warm ist, so hat Las Hayas, das gleichfalls auf der Inselsüdhälfte, aber auf 1000 Meter Höhe liegt, bestenfalls 15 Grad. Die Gomeros sprechen von *costa, medianía* und *cumbre,* um die markanten Unterschiede zu unterstreichen: „mild-warme Küste", „kühlere mittlere Höhenlagen" und „noch kühleres zentrales Gebirgsmassiv".

Schuld an den Wetterkontrasten ist der **Passat,** der vorherrschende Wind auf den Kanaren. Er weht von Nordost und ist nach seinem langen Lauf über den Atlantik mit feuchter Luft aufgeladen. Stößt diese im Norden und Osten auf ein Hindernis, also auf La Gomeras Berge, kondensiert sie zu Wolken. Diese steigen bis zu einer Höhe von 1000 bis 1500 Meter auf, wobei sie sich abkühlen und aufgrund übergelagerter, trockener Luftschichten daran gehindert wer-

den, weiter zu klettern. Auf La Gomera staut sich das Wolkenmeer an der Nordseite und schafft es bestenfalls, über das zentrale Gebirgsmassiv zu schwappen, um sich in Nichts aufzulösen …

Der Lorbeerwald – ein lebendiges Museum

Das dichte Wolkenmeer sorgt im Norden nicht nur für angenehme Frische, sondern auch für „**horizontalen Regen".** Die Bäume „melken" die Wolken, indem diese an ihren Blättern zu Wassertropfen kondensieren, hinabperlen und in den Boden sickern. Ein einzelner Baum vermag im Verlauf eines Jahres fast 2500 Liter pro qm aus den Wolken zu holen. Die Zahl macht deutlich, wie stark der Wasserhaushalt dieser relativ regenarmen Insel von der Existenz des Passats abhängig ist. Nur dank der konstanten Wasserzufuhr durch die Passat-

⌂ Eine aus dem Meer ragende Felsfestung – hier im Nordwesten

0631.gs

wolken konnte der Lorbeerwald gedeihen, der auf permanente Feuchtigkeit angewiesen ist. Auf La Gomera findet man ihn vor allem an der nördlichen, den Passatwinden ausgesetzten Seite der Insel auf einer Höhe zwischen 700 und 1500 Metern.

Vor fünf Millionen Jahren waren Lorbeerwälder in Europa weit verbreitet, durch die Eiszeit wurden sie fast überall zerstört. Nur auf den Kanarischen Inseln, Madeira, den Azoren und Kapverden konnten sie sich dank milder Luft- und Wassertemperaturen erhalten. In prähispanischer Zeit waren weite Teile der Insel mit Lorbeerwald bedeckt, doch nach der Conquista wurden die Gebiete um Hermigua und Vallehermoso im Norden **abgeholzt** – eine wirtschaftliche Erfordernis, um der Insel Profit abzuringen. Auf den freien Flächen wurde Zuckerrohr für den Export angepflanzt, das damals als „weißes Gold" galt.

Nur in der Inselmitte blieb der Wald intakt, weshalb er 1981 zum **Natio-**

nalpark erklärt wurde. Hier finden mehrere Baumarten aus der Familie des Lorbeers einen geschützten Lebensraum. Der **Laurus azorica**, in Europa nur als Strauch bekannt, hat sich auf La Gomera dank des milden Klimas zu einem bis zu 30 m hohen Baum entwickelt. An seinen eichelähnlichen Früchten ist der **Stinklorbeer** zu erkennen *(Ocotea foetens)*, der auf der Nachbarinsel El Hierro als heiliger Baum verehrt wird. Seinen Namen verdankt er dem unangenehmen Geruch, den sein Holz verströmt, sobald es verletzt wird. Interessante Geschichten erzählt man sich auch vom **Madeira-Mahagoni** *(Persea indica):* Der Baumsaft, der aus den Ästen tritt, ist giftig und wird von Ratten als Rauschmittel genossen.

△ *Im Botanischen Garten des Besucherzentrums Juego de Bolas* **51**

La Gomeras Tiere: in der Luft, zu Wasser und auf der Erde

Aufgrund der isolierten Lage haben nur wenige Säugetiere den „Sprung" auf die Insel geschafft. Auf den Booten der ersten Siedler kamen Nutztiere wie **Ziege** und **Schaf**, zugleich aber auch unfreiwillige Reisebegleiter wie **Ratte** und **Fledermaus**. Später brachten Konquistadoren das **Kaninchen** mit, damit sie auf der wildlosen Insel ihrer Jagdlust frönen konnten. Vögel brauchten kein Transportmittel, um auf die Insel zu gelangen. Besonders häufig sind **Turmfalken**, **Blaumeisen** und **Kolkraben** zu finden. Zu den Endemiten zählt die im Nationalpark Garajonay beheimatete **Lorbeertaube** (span. *paloma rabiche,* lat. *Columba junonae*), die sich von den Früchten der dort wachsenden Bäume ernährt. Berühmt ist der **Kanarienvogel**, der – in seiner Wildform grüngrau und weniger stimmgewaltig – durch Züchtung zum gelbgefiederten Singvogel hochgepäppelt worden ist.

Wie auf den Nachbarinseln braucht man auch auf La Gomera keine Angst vor giftigen Schlangen und Skorpionen zu haben. Doch was es gibt – mehr als vielen Bauern lieb ist – sind **Eidechsen**. Mehrere verschiedene Arten leben auf der Insel: Der **Kanarenskink** wird bis zu neun Zentimeter lang und ist an seinem glatten, tiefroten Schuppenkleid zu erkennen. Gern sonnt er sich zwischen Steinen an alten Mauern. Die sympathischen kleinen **Geckos** ziehen es vor, während der Tagesstunden zu schlafen – erst wenn es dunkel wird, werden sie munter. In Gebäuden laufen sie mit ihren kleinen Zehen, die mit je 200.000 Borsten bestückt sind, die Zimmerdecke entlang und jagen Mücken und Käfer. Zudem kommt auf der Insel die bis zu 30 Zentimeter lange **Westkanareneidechse** vor.

☑ *Auf La Gomera gibt es schwarze Schweine: Juanita mit Nachwuchs*

Das **Wappentier** La Gomeras aber ist die **Rieseneidechse**, wissenschaftlich korrekt *Gallotia gomerana* (span. *lagarto gigante*) gennant. Sie hat einen gräulichen Schuppenpanzer, wird bis zu 50 Zentimter lang und 400 Gramm schwer. Lange galt sie als ausgestorben, doch ein Zufall wollte es, dass 1999 sechs Exemplare – sowohl Männchen als auch Weibchen – in schwer zugänglichen Felswänden oberhalb des Valle Gran Rey entdeckt wurden. Seitdem wird in einer Aufzuchtstation auf dem Weg zur Playa del Inglés (s. S. 49, Valle Gran Rey) daran gearbeitet, Eidechsenbabys aufzupäppeln, auf dass sie in die freie Wildbahn entlassen werden können. So riesig, wie der Name suggeriert, sind die Rieseneidechsen übrigens nicht: Sie werden maximal 50 Zentimeter lang, haben einen weißen Bauch und einen dunklen, feingeschuppten Rücken.

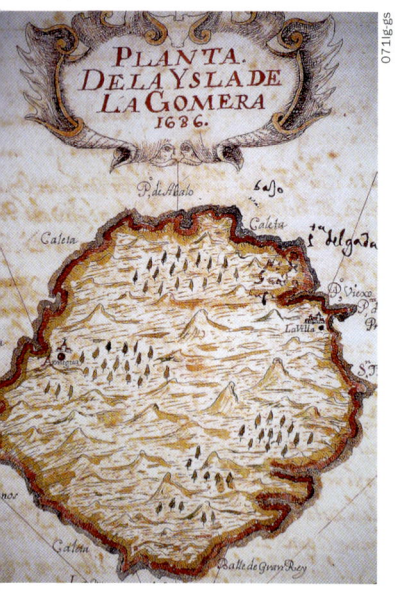

Von den Anfängen bis zur Gegenwart

5. Jh. v. Chr. – 14. Jh. n. Chr.: die Ureinwohner

Berber aus Nordwestafrika besiedeln die davor unbewohnten Inseln. Bis heute weiß man nicht, ob sie vor der Ausdehnung der Sahara flohen oder römische Zwangsdeportierte waren. Auf der Insel leben die **Ghomarer**, wie sich die Ureinwohner nennen, in vier Herrschaftsgebieten: Mulagua (Hermigua), Hipalan (San Sebastián), Orone (Valle Gran Rey) und Agana (Vallehermoso/Agulo). Ihre Gesellschaft ist hierarchisch strukturiert: In jedem Kanton regiert eine „adelige" Minderheit, die sich wiederum dem „Großen König" unterstellt. Die Ureinwohner wohnen in Höhlen, halten Ziegen und bauen Gerste an, aus der Gofio-Mehl hergestellt wird (das bis heute auf dem Speiseplan steht, s. S. 101). Obwohl sie auf einer Insel und in Sichtweite anderer Inseln leben, scheinen sie keine Boote zu benutzen. An der Küste sammeln sie Muscheln und fangen Fische mit der bloßen Hand. Von ihrer **Kultur** wird wenig erhalten bleiben: geheimnisvolle, berberisch-libysche Schrift-

◁ *Noch im 17. Jh. gab es auf Gomera nur wenige Orte (Chronik von Pedro Agustín del Castillo)*

zeichen, archaische Keramikgefäße, Stein- und Knochenwerkzeuge – im Museo Arqueológico de Gomera ❼ werden sie vorgestellt. Ihre **Sprache** überdauert in Personennamen (z. B. Huapalupa, Hautacuperche) und in Ortsbezeichnungen wie Agulo, Arure und Ayamosna, Chipude, Hermigua, Tazo, Taguluche, Tagamiche und Tecomada. Auch die Namen von Pflanzen, für die es im Spanischen keine Entsprechung gab, haben sich erhalten, z. B. Tabaiba und Tajinaste.

⌂ 1743 werden britische Korsaren erfolgreich abgewehrt (Darstellung in der Kirche von San Sebastián ❶)

15.–16. Jh.: Conquista und Kolonisation

Im Zuge der europäischen Expansion werden die Inseln von Seefahrern „entdeckt" und auf Karten verortet. Bereits auf der ersten europäischen Karte des Archipels (1339) taucht die Bezeichnung „Gommaria" auf.

Die Ureinwohner La Gomeras – schätzungsweise 2000 Menschen – werden als „gottlose Wilde" definiert, was den Vorteil hat, dass man gegen sie einen Kreuzzug führen darf. Sie werden geraubt, versklavt und 1402 im Namen der **kastilischen Krone** durch Söldner des normannischen Ritters Jean de Béthencourt angegriffen. La Gomera wird – zusammen mit den bevölkerungsarmen Nachbarinseln Lanzarote, Fuerteventura und El Hierro – 1404/05 unterworfen. Die Einwohner der bevölkerungsreichen Inseln Gran Canaria, Teneriffa und La Palma werden Ende des 15. Jh. durch königlich-kastilische Truppen besiegt.

Die überlebenden Ureinwohner der Eroberung verlieren ihr Land an die Konquistadoren, werden zwangsgetauft und entrechtet. Die Insel wird letzter Vorposten der Alten Welt im Atlantik: Von hier startet 1492 **Kolumbus** in die unbekannten Weiten, weshalb sich die Insel bis heute werbewirksam *Isla Colombina* („Insel des Kolumbus") nennt.

Anders als die von der spanischen Krone direkt eroberten bevölkerungsreichen Inseln bleibt La Gomera bis 1837 eine Feudaldomäne der an der Eroberung beteiligten Adelsgeschlechter. Diese dürfen hier schalten und walten, wie es ihnen beliebt. Mithilfe überlebender Ureinwohner, afrikanischer Sklaven und auf dem spanischen Festland angeworbener Siedler werden die Lorbeerwälder in den Tälern von Vallehermoso und Hermigua kahlgeschlagen; auf den neuen Anbauflächen wird **Zuckerrohr** gepflanzt. Das „weiße Gold" ist in ganz Europa begehrt. Mit dem Gewinn erwirbt die herrschende Adelsfamilie prächtige Residenzen auf der Nachbarinsel Teneriffa.

La Gomera wird ein obligatorischer Zwischenstopp auf dem Weg in die spanischen Kolonien der Neuen Welt. Doch es kommen auch **Piraten.** Aus Nordwestafrika fallen sie plündernd ein und üben Rache für die Sklavenraubzüge der Inselherrscher auf dem „Schwarzen Kontinent". Später wird La Gomera von Korsaren rivalisierender **Kolonialmächte** überfallen – von Franzosen, Niederländern und Engländern.

▷ *„Romería de San Juan" im Gebäude der Inselregierung in San Sebastián* ❶ *– Maler José Aguiar war „Hofmaler" Francos (s. S. 71)*

Vom 17. bis zum Anfang des 20. Jh.: Monokultur und Emigration

Die meisten Gomeros bestreiten ihren Unterhalt als Arbeiter auf Boden, der Großgrundbesitzern gehört. In Dürrezeiten emigrieren viele ins „gelobte Land" Amerika. Schiffe, die von Spanien in die Neue Welt segeln, bringen sie nach Venezuela, Uruguay und Puerto Rico. In der zweiten Hälfte des 19. Jahrhunderts gehen viele Gomeros auch nach Kuba, wo sie bis heute mit den übrigen Kanariern eine eigene ethnische Gruppe, die „Guajiros", bilden.

Nach dem Niedergang des Zuckerhandels versucht man es auf La Gomera mit **Wein** und **Koschenille,** doch erweist sich das Geschäft als wenig lukrativ. Nie erreicht der Wein die edle Qualität der Tropfen von Teneriffa oder Gran Canaria. Der Handel mit Koschenille, einem Farbstoff, der aus zerdrückten Feigenkaktusläusen gewonnen wird, bricht schon nach wenigen Jahren wegen der Konkurrenz durch künstliche Anilinfarben ein.

Als La Gomera 1851 den Status einer **Freihandelszone** erhält, geht es etwas aufwärts. Der Anbau neuer **Exportgüter** (Bananen, Tomaten) wird von Briten und Norwegern initiiert. Die feudalen Insel-Verhältnisse bleiben davon unberührt: Die **Großgrundbesitzer** herrschen fast absolut und die meisten Gomeros verdingen sich als Pächter auf ihren Plantagen.

1936–1975: Franco-Diktatur

In den 1920er- und 1930er-Jahren wird in Spanien für mehr Mitbestimmung, für Gleichberechtigung von Mann und Frau, Religionsfreiheit und eine Umverteilung des Grundbesitzes gekämpft. Die Privilegierten ziehen die Notbremse: Der auf die Kanaren strafversetzte **General Franco** unternimmt am 18. Juli 1936 von Gran Canaria einen Staatsstreich gegen die reformfreudige, demokratisch gewählte Regierung in Madrid. Mit ihm loyalen Truppen aus den spanischen Kolonien Nordwestafrikas marschiert Franco auf der Iberischen Halbinsel ein und provoziert einen dreijährigen **Bürgerkrieg**, auf den 36 Jahre **Diktatur** folgen: Per Dekret herrschen Großgrundbesitzer und Militär, unterstützt von der katholischen Kirche. Außenpolitisch isoliert und wirtschaftlich am Rand des Staatsbankrotts, öffnet Franco Spanien in den 1950er-Jahren für ausländische Investoren und kurbelt den Tourismus an – allerdings nicht auf La Gomera. In der Franco-Ära erlebt die Insel ihren größten **Exodus**.

Der Handel mit kanarischen Bananen, La Gomeras wichtigstem Exportgut, erleidet Einbußen, denn aufgrund der von Franco verordneten Autarkiepolitik ist nur der Warenexport nach Spanien gestattet. Seither hat jedes Dorf seine „Venezuela-Witwen", die – meist vergeblich – auf die Rückkehr ihrer Männer warten.

Als in den 1960er-Jahren die großen Tourismusstädte auf Teneriffa entstehen, wird die Nachbarinsel das Auswanderungsziel vieler Gomeros. Vom dortigen touristischen Aufschwung erhoffen sie sich Wohlstand, den sie als Tagelöhner auf den Bananenplantagen finden. Derweil wird ihre „verlassene" Insel von jungen Deutschen als **Urlaubsziel** „entdeckt".

1975–2008: neue Hoffnungen

Nach Francos Tod im Jahr 1975 werden die Weichen für Spaniens Eingliederung in die westlichen Bündnissysteme gestellt: Das Land wird zur konstitutionellen **Monarchie**, tritt 1986 der EG (später EU) und der NATO bei. Die Kanaren als „ultraperiphere Region"

erhalten großzügige **EU-Fördergelder** für den Ausbau der Infrastruktur, La Gomera erhält moderne Straßen und Tunnel, einen kleinen, aber feinen Flughafen und Fördergelder für **Turismo Rural**, „ländlichen Tourismus".

Bald geschieht auf La Gomera im Kleinen, was auf dem spanischen Festland im großen Stil angesagt ist. Die spanische Regierung setzt auf die **Bauwirtschaft** als Konjunkturmotor des Landes, Bürgermeister dürfen Agrar- zu Bauland erklären und sogar Naturschutzgebiete zur Bebauung freigeben. Niedrige Kreditzinsen in der (zukünftigen) Eurozone und Bankengeld aus Deutschland und Frankreich sorgen dafür, dass die spanischen Geldhäuser Kreditgeld billig vergeben können. Jeder scheint davon zu profitieren: die Banken durch das expandierende Kreditgeschäft und die Bauwirtschaft durch den Immobilienboom, die Gemeinden durch sprudelnde Grundsteuer und die Bürger durch günstiges Baugeld („wozu mieten, wenn man für das gleiche Geld eine Immobilie kaufen kann"). Selbst auf La Gomera entstehen monotone, überdimensionierte Anlagen – so in einigen Straßen San Sebastiáns, in Playa Santiago und Valle Gran Rey. Nahe der schönen Playa de Avalos dämmern die Ruinen eines Großhotels.

2008–2015: Krise und Tourismus-Boom

„Über Nacht" kommt die Wachstumsdynamik ins Stottern – aufgrund der weltweiten **Finanzkrise** fließt von außen kein Geld nach. Plötzlich werden Immobilien nicht mehr auf-, sondern abgewertet – so etwas hatte es sein Beginn der 1990er-Jahre nicht gegeben! Spaniens horrende Privatschulden werden plötzlich zum Problem, und auch die Staatsschulden steigen, da Hunderttausende, die von der Bauindustrie entlassen wurden, mit Arbeitslosengeld unterstützt werden müssen.

Anleger muss der Staat mit hohen Zinsen locken, um ihnen das Risiko zu versüßen, ihr Geld einem so hoch verschuldeten Land zu leihen. Die Lage entspannt sich erst, als die EZB den Banken nahezu unbegrenzte Mittel zur Verfügung stellt. Zugleich wird „innere Abwertung" verordnet: niedrigere Löhne bei höherer Produktivität und gesenkte Staatsausgaben für Bildung, Kultur und Soziales.

Die **Arbeitslosenquote** auf La Gomera liegt bei mehr als 25 Prozent – und dies, obwohl „dank" der Unruhen in Nordafrika so viele Urlauber wie nie zuvor die „sicheren Kanaren" besuchen ...

PRAKTISCHE REISETIPPS

Itinerario: Piedras y Agua   *Trail: Stones and Water*

LUCES Y SOMBRAS QUE TENÍAN PENDIENTE A TODO EL VALLE

Este valle está lleno de "relojes". ¿Cuáles son? Pues una palmera, un árbol, una piedra… o esta iglesia.
Valle Gran Rey se organizaba en dos turnos de agua, siendo el día para el Valle Alto y la noche para el Valle Bajo. De madrugada, unos faroles alumbraban el momento en el que se iniciaba el riego. Acequias como la Alta, la Fábrica o El Chorro repartían el agua y todos los agricultores se debían apresurar para aprovechar su turno. Donde usted se encuentra, era el "reloj" que marcaba el momento justo en el que el Valle Alto estaba obligado a enviar todo el agua al cauce, ya que le tocaba el turno, en exclusiva, al Valle Bajo. La sombra que proyectaba el risco sobre esta iglesia así lo indicaba. Ni un minuto más. Al otro día, la historia se repetía.

LIGHT AND SHADOWS THAT ARE WATCHED BY THE WHOLE VALLEY

This valley is full of "clocks". What are they? A palm tree, a tree, a stone… or this church.
Gran Rey Valley was organised in two water shifts, where the day was for the High Valley and the night for the Low Valley. In the early hours, street lamps lit up the moment when the watering began. Irrigation channels like La Alta, La Fábrica or El Chorro distributed the water and all the farmers had to be quick to make the most of

An- und Rückreise

La Gomera hat nur einen Mini-Flughafen, der von kleinen, interinsularen Maschinen angesteuert wird. Deshalb kommen die meisten Besucher **über Teneriffa**: Sie fliegen zum Flughafen Teneriffa-Süd, nehmen ein Taxi zum Hafen Los Cristianos, besteigen die Fähre und setzen nach San Sebastián de la Gomera über.

Mit dem Flugzeug auf die Kanaren

Der Preis für einen **Hin- und Rückflug nach Teneriffa** (Flugzeit ab Mitteleuropa 4–5 Std.) beträgt je nach Saison und Veranstalter **zwischen 150 und 650 €**. Am günstigsten ist es fast immer außerhalb oder am Ende der Schulferien. Die meisten Flüge bieten AirBerlin (www.airberlin.com), TuiFly (www.tuifly.com) und Condor (www.condor.com). Konkurrenz bekommen sie von Billigfliegern wie RyanAir (www.ryanair.com) und Norwegian (www.norwegian.com), wo man bei frühzeitiger Buchung preisgünstige Tickets bekommt – allerdings sollte man auf versteckte Nebenkosten, z. B. für Versicherungen, achten.

Beim Kauf des Tickets sollte man bedenken, dass es **auf Teneriffa zwei Flughäfen** gibt: einen im Norden (Los Rodeos) und einen im Süden (Reina Sofía). Für die Weiterfahrt nach La Gomera mit dem Schiff ist der **Südflughafen** besser, denn von dort ist es

⊲ Vorseite: Ein ethnografischer Mini-Lehrpfad führt zur Ermita de los Reyes (s. S. 48) im Valle Gran Rey

(s. S. 48)

EXTRATIPP

Zwischenübernachtung in Los Cristianos

Sollte es aufgrund veränderter Flug- oder Fährzeiten nötig sein, in Los Cristianos eine Zwischenübernachtung einzulegen, findet man nahe dem Fährhafen mehrere Unterkünfte. Einfach und preiswert ist die **Pension Playa** (Calle La Paloma 9, Tel. 922792264), stilvoll-gediegen das Hotel **Reverón Plaza** mit 43 Zimmern (Tel. 922757120, www.hotelesreveron.com). Unter den Restaurants fällt das Hafenlokal **El Cine** heraus: Es ist preiswert, alles ist frisch, die Zubereitung deftig-gut – Kanarier stehen hier mittags Schlange (Calle Juan Bariajo 8, Tel. 922107758, Mo geschl.). Eine gute **Infostelle** befindet sich an der **Playa de las Vistas**, einem schönen hellsandigen Badestrand (Tel. 922787011, www.arona.travel).

---

nicht weit zum Fährhafen Los Cristianos (diejenigen, die mit einer interinsularen Maschine nach La Gomera weiterfliegen, sollten dort landen, wo der Weiterflug startet).

Mit der Fähre ab Teneriffa

Die Überfahrt mit der Fähre ab Teneriffa bleibt die bevorzugte Form der Anreise. Vom internationalen Flughafen **Teneriffa-Süd (Reina Sofía)** kommt man mit dem Bus 111 etwa alle 30 Minuten nach **Los Cristianos**. Die aktuellen Abfahrtzeiten für Busse findet man unter www.titsa.com. Dort kann auch geprüft werden, ob der Bus den Fährhafen gegen den Widerstand der Taxifahrer direkt ansteuern darf oder sich weiterhin mit dem Halt am Busbahnhof (ab dort zum Fährhafen 30 Minuten zu Fuß) begnügen muss. Entscheidet man sich am Flughafen für ein **Taxi**, zahlt man für die 20 Kilometer lange Strecke knapp 25 €, sonntags etwa 30 €.

In Los Cristianos starten Fähren der Reedereien **Fred Olsen** und **Naviera Armas**. Sie steuern die gomerische Hauptstadt **San Sebastián** ❶ an. Für die Strecke benötigt man je nach eingesetzter Fähre bis zu 90 Minuten. Mit 50 Min. schneller, aber etwas teurer, ist der moderne **Olsen-Express**.

Für die einfache Fährüberfahrt Teneriffa – La Gomera zahlen Erwachsene ca. 30 €, Ermäßigungen gibt es für Kinder, Studenten und Senioren. **Tickets** bekommt man online oder im Hafengebäude in Los Cristianos. Bei Online-Buchung nicht vergessen, vor der Abfahrt die Bordkarte zu holen! Da sich die Fahrpläne alle paar Monate ändern, empfiehlt sich kurz vor der Reise ein Blick ins Internet, wo die Unternehmen die aktuellen Abfahrtszeiten und Preise vorstellen:

❭ www.fredolsen.es
❭ www.navieraarmas.com

Bei Fahrten mit der Reederei Olsen muss man das **Gepäck** nicht eigenhändig auf die Fähre tragen, sondern kann es im Hafen in gebührenpflichtige Gepäckcontainer legen (bitte darauf achten, dass „La Gomera" drauf steht und nicht etwa „La Palma"!). Bei der Ankunft auf La Gomera werden die Container gut sichtbar zur Selbstentladung aufgestellt. Bei Armas wird das Gepäck gratis im Minibus befördert.

Transfer auf La Gomera

Der Anschlusstransfer ab San Sebastián mit dem **Bus bzw. Taxi** dauert dann nach Playa Santiago ⑱ bzw. Hermigua ㊵ /Agulo ㊾ noch einmal etwa eine Stunde und ins Valle Gran Rey ㉚ zwei Stunden.

Bei Drucklegung geplant, aber noch nicht realisiert: Wer von Los Cristianos nach Playa Santiago oder ins Valle Gran Rey weiterreisen will, kann vielleicht schon bald wieder in San Sebastián in ein kleineres, nur Personen beförderndes **Schnellboot** umsteigen.

Flug mit Zwischenstation

Der **Flughafen von La Gomera** befindet sich nahe Playa Santiago ⑱ im Süden der Insel. Da aufgrund der zerklüfteten Topografie der Insel nur eine kleine Landebahn gebaut werden konnte, sind internationale Flüge nicht zugelassen, aber auch die Zahl der interinsularen Verbindungen hält sich in Grenzen. Angesteuert wird der Flughafen vorerst nur von Binter Canarias (www.bintercanarias.com).

Wer nach La Gomera fliegen will, muss also einen **Zwischenstopp** auf einer der großen Inseln einlegen. Im Falle eines Flugs nach **Teneriffa** muss man bei der Buchung vorsichtig sein. Da es zwei Flughäfen gibt, einen im Norden (Los Rodeos) und einen im Süden (Reina Sofía), ist darauf zu achten, dass man dort landet, wo auch die Maschine nach La Gomera startet. Ansonsten hat man einen anstrengenden, 90-minütigen Bus- oder Taxitransfer auf sich zu nehmen!

Wer über **Gran Canaria** einreist, kann vom Flughafen Las Palmas-Gando direkt nach La Gomera weiterfliegen.

❭ **Aeropuerto de La Gomera** <121> Info-Tel. 902404704; www.bintercanarias.com und www.aena.es. Nach jeder Ankunft eines Flugzeugs fährt ein Bus ins Valle Gran Rey bzw. nach Playa Santiago/San Sebastián.

Vom Festland mit dem Schiff auf die Kanaren

Wer nicht fliegen will oder darf oder sein eigenes Fahrzeug dabei haben möchte, kann La Gomera auch über Land (hohe Mautgebühren!) und per Schiff erreichen. Einmal wöchentlich startet eine Autofähre der spanischen Gesellschaft Acciona/Trasmediterránea in **Cádiz** (südspanische Atlantikküste), zwei Tage später erreicht sie **Santa Cruz de Tenerife**. Von dort geht es anschließend auf der Autobahn nach **Los Cristianos**, von wo man mit der Olsen- oder Armas-Fähre nach La Gomera übersetzt. Aktuelle Abfahrtszeiten und Preise findet man unter www.trasmediterranea.es, die Ticketreservierung erfolgt auch über DER-Reisebüros. Die **Autofähre** ist oft Wochen im Voraus ausgebucht, es empfiehlt sich eine rechtzeitige Reservierung!

Autofahren

Dort, wohin der Bus nicht gelangt, ist La Gomera meist am schönsten! Die **Straßen sind bestens ausgebaut** und befestigt, trotzdem kommt man aufgrund der zerklüfteten Topographie nur langsam voran, weshalb die **Entfernungen** auf La Gomera nicht in Kilometern, sondern in Stunden zu messen sind. Für die 52 km lange, kurvenreiche Strecke von San Sebastián nach Valle Gran Rey benötigt man knapp zwei Stunden.

Wer abgelegene Routen kennenlernen möchte, wählt den **Mietwagen**. An sieben Stellen erreichen Straßen das Meer: in San Sebastián, Playa Santiago, La Rajita, Valle Gran Rey, Alojera, Vallehermoso und Hermigua. In vielen Serpentinen geht es hinab und ebenso mühsam ist der Weg von der Küste hinauf. Die Straßen sind auf dem Land nicht beleuchtet, ein

plötzlicher Wolkenaufzug kann die Sicht binnen kürzester Zeit auf wenige Meter reduzieren.

Autoverleiher gibt es in allen größeren Orten, so in San Sebastián ❶, Playa Santiago ⓲, im Valle Gran Rey ㉚ und in Hermigua 55. Wer ein Auto mieten möchte, muss den **Führerschein** mindestens schon ein Jahr besitzen und 21 Jahre alt sein.

Im Vertrag ist zu vermerken, wie voll der Tank bei Rückgabe des Fahrzeugs zu sein hat (sollte mit dem aktuellen Stand der Tankanzeige identisch sein). Ein **Preisvergleich** zwischen den örtlichen Anbietern lohnt. Viele Firmen locken mit solidem Grundpreis, überraschen dann jedoch mit hohen Steuer- und Versicherungskosten. **Rabatt** wird meist bei einer Miete ab drei Tagen gewährt, noch preiswerter ist die Miete auf Wochenbasis. Man sollte darauf achten, ob pro Kalendertag oder im 24-Stunden-Takt abgerechnet wird. Bei der letzten Umfrage hatte CICAR bezüglich des Preis-Leistungs-Verhältnisses und der Sicherheitsstandards die Nase vorn. Die Firma unterhält Filialen am Flug- und Fährhafen, in San Sebastián und Playa Santiago. Meist sind Autos in ausreichender Zahl vorhanden, schlimmstenfalls fehlt der gewünschte Wagentyp und man bekommt für den gleichen Preis einen besseren.

- **CICAR-Zentrale:** Tel. 902244444, www.cicar.com.

Benzin

Volltanken heißt *¡Lleno, por favor!* Der Preis für **Super bleifrei** liegt zwischen 1 und 1,20 € pro Liter. **Tankstellen** öffnen in der Regel um 8 Uhr und schließen um 20 Uhr. Nur in San Sebastián, Hermigua und Valle Gran Rey sind sie auch am So. bis 13 Uhr geöffnet.

Verkehrsregeln

In Spanien werden Verkehrsverstöße mit hohen Geldstrafen geahndet. Wer zu viel Alkohol im Blut hat, muss gar mit dem Entzug des Führerscheins rechnen. Hier die wichtigsten Vorschriften:

- **Alkoholgrenze:** 0,5 Promille. Für alle, die den Führerschein erst in den vergangenen zwei Jahren gemacht haben, nur 0,3 Promille.
- **Anschnallpflicht:** immer. Für Kinder unter drei Jahren sind Kindersitze vorgeschrieben. Kinder über drei Jahren sollten, sofern sie keine 1,50 m groß sind, auf einer Rückhaltevorrichtung sitzen.
- **Höchstgeschwindigkeit:** innerhalb geschlossener Ortschaften 50 km/h (mind. 25 km/h), auf Landstraßen 90 km/h (mind. 45 km/h), auf Straßen mit mehr als einer Fahrbahn in jeder Richtung 100 km/h (mind. 50 km/h)
- **Park- bzw. absolutes Halteverbot:** Ein gelber Bordstein bedeutet Parkverbot (Abschleppgefahr). Die Farbe Blau signalisiert, dass hier das Parken kostenpflichtig und nur mit Parkschein erlaubt ist.
- **Überholverbot:** 100 m vor Kuppen sowie an Stellen, die nicht mindestens 200 m weit zu überblicken sind
- **Telefonieren** ist ausschließlich mit Freisprechanlage erlaubt.
- **Warndreieck/Westenpflicht:** Im Falle einer Panne oder eines Unfalls sind vor und hinter dem Fahrzeug Warndreiecke aufzustellen. Der Fahrer muss beim Verlassen des Fahrzeugs sofort eine reflektierende Weste anlegen.
- **Abschleppen:** privat nicht erlaubt, nur von Unternehmen mit Lizenz *(grúa)*

◁ Auch im Inselsüden gibt es bestens ausgebaute Straßen – im Hintergrund ist El Hierro zu sehen

Unfall

Nach einem Unfall ist die **Verleihfirma** umgehend zu verständigen. Wurde eine Person verletzt, sollte unbedingt die **Polizei** angerufen werden (s. S. 127). Über die **Notrufnummer 112** erreicht man die Zentrale für alle Notfälle (deutschsprachig). Über Computer wird der Standort des Anrufers geortet und der nächstgelegene Notarzt- bzw. Polizeiwagen verständigt. Es empfiehlt sich in jedem Fall, die Kfz-Nummern der Beteiligten und deren Namen, Anschriften sowie die Versicherung aufzuschreiben. Die Notrufnummern der wichtigsten **Automobilklubs** lauten:

› **ADAC**, Tel. 0049 89–222222, www.adac.de
› **ÖAMTC**, Tel. 0043 1–2512000, www.oeamtc.at
› **TCS**, Tel. 0041 58–8272220, www.tcs.ch

Barrierefreies Reisen

Für körperbehinderte **Fluggäste** gibt es bei den meisten Airlines eine kostenlose Flugbegleitung am Abflug- und Zielflughafen. Außerdem werden Rollstühle für die Beförderung von und zum Flugzeug bereitgestellt.

Leider mangelt es aber bis heute in fast allen **Unterkünften** der Insel an Barrierefreiheit, die Toiletten sind zu eng, die Duschen nicht unterfahrbar. Und wenn schon einmal mehrere Räume dem „Kriterienbogen" der Behindertenverbände standhalten (so zum Beispiel im Hotel Jardín Tecina in Playa Santiago, s. S. 32), so scheitert eine Empfehlung an der Beschaffenheit des Hotelstrandes: Er ist steinig und für Rollstuhlfahrer ungeeignet.

Diplomatische Vertretungen

› **Deutsches Konsulat,** Calle Albareda 3–2°, 35007 Las Palmas, Gran Canaria, Tel. 928491880, www.spanien.diplo.de. Zuständig für alle Kanarischen Inseln.
› **Konsulat der Österreichischen Botschaft,** Paseo de la Castellana 91–9°, 28046 Madrid, Tel. 915565315, www.bmeia.gv.at/botschaft/madrid.html
› **Konsulat der Schweizer Botschaft,** Calle Núñez de Balboa 35, 28001 Madrid, Tel. 914363960, www.eda.admin.ch/madrid

Elektrizität

Die Stromspannung beträgt auf der Insel EU-konform 220 Volt. Es ist kein Adapter nötig.

Geldfragen

Der **Euro** ist wie in ganz Spanien auch auf den Kanaren das gültige Zahlungsmittel. Die gängigen Kreditkarten werden von großen Geschäften und Hotels akzeptiert. **Bargeldloses Bezahlen** ist innerhalb der EU gebührenfrei (für Schweizer wird ein Entgelt von 1 bis 2 % des Umsatzes berechnet).

Auf La Gomera kann man **relativ günstig** Urlaub machen. Ein Pensionsdoppelzimmer bekommt man schon für 30 €, für ein rustikales Landhaus mit Küche und Terrasse zahlt man mindestens das Doppelte. Mietautos sind auf Wochenbasis günstig und wer mit dem öffentlichen Bus unterwegs ist, zahlt noch weniger.

Achtung: Oft verweigern Geschäfte die Annahme von 500-€-Scheinen!

Die Insel preiswert

*Eine kostenlose Einführung in Natur und Geschichte bietet das **Besucherzentrum des Nationalparks in Juego de Bolas** ❺❶. Die Museen der Insel - es sind nicht viele - erheben jeweils an einem Tag der Woche keinen Eintritt; ein Sammelticket (erhältlich in den Museen) für alle kostet 5 €. Private **Galerien** wie die **Galería de Arte Luna** ❺ in San Sebastián erheben ohnehin keinen Eintritt und auch der Besuch von **Kirchen** und **Kapellen** kostet - sofern sie denn geöffnet sind - keinen Cent. Abendliche **Livemusik** - von Trommel-Sessions am Strand bis zu Folk und Jazz im Lokal - kann man in den Bars im Valle Gran Rey ❸⓿ gratis genießen. Gleiches gilt für das Hotel Jardín Tecina (s. S. 32) in Playa Santiago, das mit Shows jeden Abend auch für Nicht-Hotelgäste offen ist.*

*Bodegas und Weinläden spendieren in der Regel einen **Gratis-Tropfen**, um potenzielle Käufer von der Qualität der Inselweine zu überzeugen. Auch manch ein Stand auf dem Sonntagsmarkt in Valle Gran Rey (siehe „Mercadillo im Valle", S. 44) bietet vor dem Kauf eine **Gratis-Degustation.** Auf dem Markt kann man sich zudem mit Inselköstlichkeiten - von Brot über Obst und Gemüse bis zu Honig und exotischen Aufstrichen - eindecken und diese anschließend bei einem Picknick verputzen. Kein Loch ins Portemonnaie reißt auch das dreigängige **menú del día**, das immer mehr Restaurants anbieten. Für den kleinen Hunger werden oft günstige Tapas oder „medias raciones" (halbe Portionen) serviert.*

*Das Schönste an La Gomera ist ohnehin gratis: Weder am Strand noch am Naturschwimmbecken wird eine Kurtaxe erhoben. Wälder und Vulkanschlote, wilde Küsten und Aussichtsgipfel erkundet man am besten im Rahmen einer **Wanderung** (s. S. 84). Gratis-Wandertouren organisiert das Besucherzentrum Juego de Bolas ❺❶ im Nationalpark Garajonay ❺❽.*

Informationsquellen

Infostellen zu Hause

> **Spanisches Fremdenverkehrsamt,**
  Myliusstraße 14, 60323 Frankfurt,
  Tel. 069 725033, www.spain.info/de_
  DE, frankfurt@tourspain.es
> **Spanisches Fremdenverkehrsamt,**
  Walfischgasse 8/14, 1010 Wien 1,
  Tel. 01 512958011, www.spain.info/
  de_AT, viena@tourspain.es
> **Spanisches Fremdenverkehrsamt,**
  Seefeldstr. 19, 8008 Zürich, Tel. 044
  2536050, www.spain.info/de_CH,
  zurich@tourspain.es

Infostellen auf der Insel

Infostellen gibt es in **San Sebastián** ❶, **Playa Santiago** ⓫❽, im **Valle Gran Rey** ❸⓿, in **Vallehermoso** ❹❻ und **Hermigua** ❺❺ (die Adressen sind in den jeweiligen Ortsbeschreibungen unter „Praktische Tipps" zu finden).

La Gomera im Internet

La Gomera ist im Web oft vertreten und ständig kommen neue Seiten hinzu. Doch was da veröffentlicht wird, ist meist Werbung – der bekannte Mix aus Vermittlung von Un-

Der Valle-Bote

„Auf Gomera geliebt – in der Welt beachtet": Seit Jahrzehnten versorgt der Valle-Bote die Besucher mit **satirischen Neuigkeiten zur Insel-Szene** – und das viermal im Jahr! Die Lektüre macht auch im kalten Mitteleuropa so viel Spaß, dass viele den „Boten" nach Hause abonniert haben. Vor Ort bekommt man ihn im Laden von Capitano Claudio in Vueltas ③⑤, in fast allen Geschäften der Insel und online (www.valle-bote.com).

terkunft und Mietauto, bei der der Website-Betreiber fleißig mitkassiert.

> **www.lagomera.travel:** touristische Website der Inselregierung mit einem Grundkurs zu Geschichte und Kultur La Gomeras sowie vielen nützlichen Tipps, Fotos, 360°-Ansichten der Insel und Videos
> **www.turismodecanarias.com** („Gomera"): Die von der Kanarenregierung publizierte Website eröffnet mit einem schönen Reliefbild La Gomeras, danach folgt ein virtueller Inselrundgang in 360º-Panoramen.
> **www.gomera.de:** empfehlenswerte Website der Agentur La Paloma im Valle Gran Rey mit Inselinfos, Unterkunftstipps, Fähr- und Busverbindungen. Mit einer Webcam, die das Valle Gran Rey zeigt.
> **www.valle-gran-rey.de:** Reisemagazin mit Hinweisen für die individuelle Planung, Buchung von Hotels und Mietwagen
> **www.gomera-insel.de:** gute Einführung in das Urlaubsziel, übersichtlich und sorgfältig aufbereitet, mit Bildergalerie.
> **www.lagomera.de:** Infos und Tipps, Daten zur Anreise, Hinweise zu geführten Wanderungen und Radtouren, Anzeigen von touristischen Anbietern
> **www.egomera.de:** Für alle, „die wissen wollen, wie sich die Insel anfühlt" und

„ihre Erfahrungen mit den Benutzern dieses Forums teilen wollen". Mit vielen Bildern, Panoramaansichten und Videos, dazu einem viel genutzten Forum.
> **www.wetteronline.de/Spanien/LaGomera.htm:** aktuelle Wetterdaten von der Urlaubsinsel La Gomera

Publikationen und Medien

> **www.wochenblatt.es:** Das „Wochenblatt" aus Teneriffa bietet einige (wenige) Nachrichten zu La Gomera und ist auch in einer Druckfassung erhältlich.
> **www.gomeranoticias.com** und **www.gomeraverde.es:** Inselnachrichten in spanischer Sprache

Smartphone-Apps

> **Sky Walk Free** (gratis für iOS)/**Star Walk 2 Free** (gratis für Android): Lassen Sie sich La Gomeras Nachthimmel erklären! Eingebaute Sensoren ermitteln Ihre Blickrichtung und erläutern die Sterne über Ihnen!
> **Garajonay:** von der Inselregierung publizierte App zum Nationalpark (gratis für iOS und Android)
> **Islas Canarias Water Sports Experience:** alle Wassersportmöglichkeiten der Kanaren (gratis für Android)
> **WiFi Finder:** Diese App zeigt Ihnen die nächsten Gratis-WLAN-Spots an (gratis für iOS und Android).

Internet

Es gibt heute in vielen Apartments, Landhäusern und Hotels **Gratis-WLAN**, Internet-Terminals sind dagegen meist gebührenpflichtig. Kostenlos ist der Internetzugang in den öffentlichen Bibliotheken und Kulturhäusern der Gemeindeorte *(biblioteca pública/casa de cultura).*

Meine Literatur- und Filmtipps

> *Harald Braem: **Tod im Barranco**, Zech Verlag, Santa Úrsula 2012. Ausgerechnet auf der kleinen, weltverlorenen Insel La Gomera werden Menschen umgebracht, so ein aus Südamerika eingeschleuster Drogenkurier, der bestialisch ausgeweidet wird. Haben ein paranoider, rausch- und eifersüchtiger Macho-Mann oder ein habgieriger Homosexueller etwas mit dem Mord zu tun? Erzählt wird vor dem Hintergrund der „verhexten" Inselnatur und weil der Autor von Haus aus Kulturforscher ist, darf natürlich auch ein Exkurs zu den Ureinwohnern nicht fehlen.*

> *Rafael Chirbes: **Am Ufer**, Verlag Kunstmann, München 2014. In Spanien mit vielen Preisen ausgezeichneter, bitterer Roman über die Boom- und Krisenjahre des Landes. Man erfährt, wie auch der „kleine Mann" in Spanien vom Sog des schnellen Geldes erfasst und die Korruption zum Kavaliersdelikt umgedeutet wurde.*

> *Gerta Neuroth (Hrsg.): **Meereslaunen - Caprichos de mar**, Konkursbuchverlag, Tübingen 2012. In dieser schön bebilderten, zweisprachigen Ausgabe beschreiben kanarische Literaten und Künstler das Meer, mit dem sie als Bewohner einer Insel aufgewachsen sind: als etwas Dunkles, Bedrohliches, aber auch als Lebenselixier.*

> *Dieter Richter: **Das Meer**, Wagenbach-Verlag, Berlin 2014. Der Atlantik weckt Sehnsüchte und Träume. Der Kulturwissenschaftler Richter weiß davon ein Lied zu singen. Er ist ein Meister der Assoziation*

und lässt die Gedanken vom „Meer der Tränen" zu den „Wogen des Glücks", vom Strandtourismus zum „Schiffbruch der Liebe" und zu den auf Treibholz strandenden afrikanischen Flüchtlingen schweifen.

> *Sebastian Schoepp: **Mehr Süden wagen**, Westend Verlag, Frankfurt 2014. In einer Zeit, in der sich der Kapitalismus den Wohlfahrtsstaat nicht mehr leisten kann und am liebsten auch der Demokratie ans Leder will, wirken die Thesen des Autors und sein Wunsch, dass „wir Europäer wieder zueinander finden", sympathisch, wenn auch wenig realistisch. Aber auf La Gomera könnte man die romantischen Ideale noch erträumen …*

> *Horst Uden, **Unter dem Drachenbaum**, Zech Verlag, Santa Úrsula 2013. Der Autor entdeckte auf La Gomera Märchen und Mythen, Volksweisheiten und Anekdoten.*

> *Peter und Ingrid Schönfelder, **Die Kosmos-Kanarenflora**, Kosmos, Stuttgart 2012. Detaillierte Beschreibung von über 850 Blumen und Pflanzen, die man auf den Kanarischen Inseln entdecken kann.*

> *„**Guarapo**" (100 Min.) wird auf Youtube.com auf Spanisch ausgestrahlt. Die Handlung beginnt 1936 mit der Niederschlagung des Arbeiteraufstands in Vallehermoso und beschreibt das Leben der Inselbewohner unter der Herrschaft der bis heute mächtigen Großgrundbesitzer. Nebenbei lernt der Zuschauer die landschaftliche Vielfalt La Gomeras kennen und wird in die Welt des „Silbo" und der „Chácaras" eingeführt. Der 1988 von den Gebrüdern Rios gedrehte Film wurde mit mehreren Preisen ausgezeichnet.*

Medizinische Versorgung

Gesetzlich krankenversicherte Patienten der EU-Länder und der Schweiz können sich im Krankheitsfall gegen Vorlage der Europäischen Versicherungskarte EHIC (European Health Insurance Card) kostenfrei in den **Gesundheitszentren der Gemeinden** *(centro de salud)* oder im **Inselkrankenhaus** in der Hauptstadt San Sebastián behandeln lassen. Außerdem gibt es **Privatärzte**, darunter auch einige deutsche, deren aktuelle Adressen man in den Touristeninfos erhält. Sucht man einen Privatarzt direkt auf, zahlt man ihm in der Regel die vor Ort erbrachten Leistungen und erhält von der Krankenkasse jene Summe zurück, die beim entsprechenden Arztbesuch im Heimatland angefallen wäre. Zur **Erstattung der Kosten** benötigt man ausführliche Quittungen mit Namen des Arztes und des Patienten, Datum, Art, Umfang und Kosten der Behandlung. Um der Gefahr entgegenzuwirken, dass die Krankenkasse nicht alle entstandenen Kosten übernimmt, empfiehlt sich der zusätzliche Abschluss einer **privaten Auslandskrankenversicherung** (Kosten 5–15 € pro Jahr).

■ Hospital Nuestra Señora de Guadalupe <122> Calle Langrero s/n, San Sebastián, Tel. 922140200

Apotheken *(farmacias)* sind durch ein grünes bzw. rotes Kreuz auf weißem Grund gekennzeichnet und öffnen zu den normalen Geschäftszeiten. Der Kauf von Medikamenten vor Ort lohnt sich, denn sie sind durchweg preiswerter als in Mitteleuropa. Viele sind auch ohne Rezept (allerdings oft unter anderem Namen) erhältlich. Feiertags- und Nachtdienste *(farmacia de guardia)* sind an der Eingangstür der Apotheken angezeigt.

■ Farmacia (San Sebastián) <123> Calle Real 34

❯ Farmacia (Valle Gran Rey) <124> Av. El Llano s/n, Borbalán

Mit Kindern unterwegs

Mag Kindern auf dieser Insel auch **wenig geboten** werden, so bleibt La Gomera doch ein beliebtes Ferienziel vor allem für **alleinerziehende Mütter und Väter**. Eltern mit Sprösslingen erhalten hier – wie überall auf den Kanarischen Inseln – einen Sympathiebonus: Kinder stehen für Zukunft, für Lebensfreude und Kraft. Wohlwollend werden die Kleinen getätschelt und nach ihrem Namen gefragt. Und mag auch im Alltag der Inselbewohner Toleranz nicht mehr so groß geschrieben werden wie früher, so bleibt die Kinderwelt von dieser Tendenz doch ausgespart. Kein Gomero hat etwas dagegen, dass Kinder miteinander spielen und Streiche aushecken.

Dies erklärt freilich noch nicht, weshalb Mütter und auch Väter Jahr für

(Trink-)Wasser

Das Leitungswasser auf La Gomera ist **nicht als Trinkwasser geeignet.** Kaufen Sie sich bitte **Mineralwasser** in preiswerten 5- und 8-Liter-Plastikflaschen. Dieses sollten Sie auch zum Zubereiten von Tee oder Kaffee benutzen. Als Tischwasser empfiehlt sich das schmackhafte *agua mineral con gas* (mit Kohlensäure) oder *sin gas* (ohne Kohlensäure) aus 1,5 Liter-Flaschen – meist stammt es aus den Quellen Teneriffas.

Jahr scharenweise ausgerechnet in **Valle Gran Rey** ⑳ einfallen, um ihren Urlaub zu verbringen – und dies obgleich es keinen langen Sandstrand gibt und sicheres Baden im sauberen Wasser für Kinder nur am **Baby-Beach** möglich ist. Den Eltern scheint das nicht so wichtig. Sie wissen, dass es hier viele andere Kinder gibt und sich die Kleinen daher nie langweilen. Spaß machen **Bootstrips** zu Walen und Delfinen sowie zu den Orgelklippen (s. S. 46).

Insbesondere im Ortsteil Vueltas ㉟ haben sich **Pensionen** und **Privathäuser** auf die kleinen Gäste eingestellt, und es gibt mittlerweile keinen **Supermarkt** und **Tante-Emma-Laden,** der nicht ausreichend Babykost und Windeln im Angebot hätte. **Hotels** und **Apartmentanlagen** möchten am Kinderboom partizipieren. Sie werben mit Pools oder separatem Kinderbecken und stellen in den Zimmern oft ohne Aufpreis Kinderbetten auf. In Borbalán gibt es einen Kinderspielpatz, die **Bike Station Gomera** (s. S. 94) in La Puntilla verleiht bequeme Strandräder mit Kindersitz. Die Sprachschule I.D.E.A. (s. S. 50) in La Calera vermittelt **deutschsprachige Babysitter** und – eine ganz wichtige Adresse – bei Kangoorooh in La Playa werden 3- bis 11-Jährige stunden- und auch tageweise mit Spiel und Spaß bei Laune gehalten.

■ **Kangorooh** <125> Calle La Noria 5, La Playa, Mobil 659681469, www.kangorooh.com

⌂ *Baby-Beach (s. S. 42):*
ideal für die ganz Kleinen

Im Süden der Insel ist das Komforthotel **Jardín Tecina** (s. S. 32) die beste Adresse für Urlaub mit Kindern. Die Kleinen können sich in weitläufigen Poolanlagen vergnügen und in den Gärten herumtollen, Minigolf und Tischtennis spielen. Dazu gibt es einen gut ausgestatteten Miniklub, wo sie mehrere Stunden täglich unterhalten werden; Teens haben einen eigenen Klub.

Im **Nationalpark** 🔘 scheinen Märchen zum Leben zu erwachen und was gäbe es Schöneres als ein **Picknick** am Fluss oder Kressesuppe aus dem Holznapf im Weiler **El Cedro** 🔘? Eher Praktisches erfahren Kinder im Besucherzentrum Juego de Bolas 🔘. Dort lernt man, wie der Lorbeerwald entstanden ist und wie er Wolken „melkt".

Am Südwestrand des Nationalparks findet man **Laguna Grande** 🔘, La Gomeras größten Picknick- und Abenteuerspielplatz. Hier gibt es Schaukeln und Klettergitter aus Holz, Rutschen und eine große Fläche zum Ballspielen. In den umliegenden Wäldern vergnügen sich Kinder beim Räuber und Gendarm spielen, gehen auf Schatzsuche und Schnitzeljagd.

Notfälle

Auch auf den Kanarischen Inseln wurde der **Notruf 112** eingeführt: eine **Zentrale für alle Notfälle** – Polizei, Arzt und Feuerwehr. Anrufe werden auch auf Deutsch beantwortet, der Anschluss ist rund um die Uhr besetzt.

Wird der **Reisepass** oder **Personalausweis gestohlen**, muss man dies bei der örtlichen Polizei melden und zwecks Beschaffung eines für den Rückflug nötigen Ersatzausweises

Kontakt mit dem Konsulat aufnehmen (s. S. 120).

Bei Verlust **der Debit-(EC-)** oder der **Kreditkarte** gibt es für **Kartensperrungen** eine **deutsche Zentralnummer** (unbedingt vor der Reise klären, ob die eigene Bank diesem Notrufsystem angeschlossen ist). Aber Achtung: Mit der telefonischen Sperrung sind die Karten zwar für die Bezahlung/Geldabhebung mit der PIN gesperrt, nicht jedoch für das **Lastschriftverfahren** mit Unterschrift. Man sollte daher auf jeden Fall den Verlust zusätzlich **bei der Polizei zur Anzeige bringen**, um gegebenenfalls auftretende Ansprüche zurückweisen zu können.

In **Österreich** und der **Schweiz** gibt es keine zentrale Sperrnummer, daher sollten sich Besitzer von in diesen Ländern ausgestellten Debit-(EC-) oder Kreditkarten vor der Abreise bei ihrem Kreditinstitut über den zuständigen Sperrnotruf informieren.

Generell sollte man sich immer die wichtigsten Daten wie Kartennummer und Ausstellungsdatum separat notieren, da diese unter Umständen abgefragt werden.
> ❯ **Deutscher Sperrnotruf:**
>   Tel. +49 116116 oder
>   Tel. +49 3040504050
> ❯ **Weitere Infos:** www.kartensicherheit.de, www.sperr-notruf.de

Öffnungszeiten

> ❯ **Banken:** Mo–Fr 9–14, Sa 9–13 Uhr
> ❯ **Post:** Mo–Fr 9–14, Sa 9–13 Uhr
> ❯ **Behörden/Fundbüro:** Mo–Fr 9–14 Uhr
> ❯ **Geschäfte:** Supermärkte 9–20 Uhr, kleinere Läden meist Mo–Fr 9–13 und 17–20 Uhr, Sa 9–13 Uhr. In Touristengebieten sind Geschäfte oft auch Sonntagvormittag geöffnet.
> ❯ **Kirchen:** meist nur während der Messe

> **Hinweis:** Im **Hochsommer** öffnen viele Geschäfte nur vormittags, Banken bleiben samstags geschlossen und auch für Museen gelten **eingeschränkte Öffnungszeiten.**

Post

Briefmarken *(sellos)* bekommt man beim Postamt *(correos)* und in Tabakläden *(estancos)*. **Postämter** gibt es in allen Gemeindeorten. Das **Porto** für einen Brief bzw. eine Postkarte ins EU-Ausland kostet zurzeit 75 Cent.

■ **Oficina de Correos (San Sebastián)**
<126> Calle Real 50.

> **Oficina de Correos (Valle Gran Rey)**
<127> Borbalán, oberhalb der Av. El Llano

Schwule und Lesben

Die gesamte Insel ist „gay-friendly", vor allem im toleranten **Valle Gran Rey ③⓪** fühlen sich Schwule und Lesben wohl, auch wenn es für sie keine speziellen Anlaufadressen gibt.

Sicherheit

La Gomera ist ein **sicheres Reiseziel.** Trotzdem sollte man im **Mietwagen** keine Wertgegenstände sichtbar liegen lassen. Auch am **Strand** ist Vorsicht geboten. Es kann nicht ausgeschlossen werden, dass sich Langfinger unter die Badegäste mischen und genau registrieren, wann sich bestimmte Urlauber ins Meer stürzen und ihre Gegenstände unbewacht zurücklassen. Am besten trifft man eine Übereinkunft mit den Strandnachbarn und löst einander bei der Bewachung der Privatsachen ab. Wird man trotz aller Vorsichtsmaßnahmen Opfer eines Diebstahls, so muss, um spätere Ansprüche bei der Versicherung geltend machen zu können, ein **Polizeiprotokoll** angefertigt werden. Wer kein Spanisch spricht, lässt sich, bevor die Meldung (denuncia) bei der Polizeistelle erfolgt, beim Konsulat (s. S. 120) ein zweisprachiges Formblatt (Schadensmeldung) ausstellen. Wurde der Personalausweis gestohlen, so wird ein Ersatzausweis erst dann vom Konsul ausgestellt, wenn diesem die Anzeige und die Verlustbestätigung der örtlichen Polizeibehörde (guardia civil) vorliegen. Zudem braucht man zwei Passfotos und möglichst auch eine Kopie des gestohlenen Ausweises.

■ **Guardia Civil (San Sebastián)** <128> Plaza de las Américas 4, im Rathaus, Tel. 629048707

■ **Guardia Civil (Valle Gran Rey)** <129> Calle Caidero 16, im Rathaus, Tel. 922805000

Sprache

Auf La Gomera wird „atlantisches Spanisch" gesprochen, d. h. **Kastilisch** *(Castellano),* durchsetzt mit **Wendungen aus Südamerika.** So heißt der Bus wie im Kubanischen *guagua* und die Kartoffel nicht *patata* wie auf dem Festland, sondern Peruanisch *papa.* Fremdsprachenkenntnisse sind bei den Gomeros erstaunlicherweise rar, doch „mit Händen und Füßen" kommt man – dank ihrer Freundlichkeit und Geduld – trotzdem gut klar. Die „Kleine Sprachhilfe" im Anhang (s. S. 134) soll dabei helfen, sich ein paar Brocken Spanisch anzueignen. Damit man beim Essen nichts Falsches bestellt, gibt es am Ende ein „Gastronomisches Glossar".

Spanisch für die Kanarischen Inseln

Dieser Band eignet sich bestens für die schnelle Verständigung vor Ort und wendet sich vor allem an Einsteiger. Er enthält Aussspracheregeln, Wörterlisten und wichtige Redewendungen. Ganz nebenbei lernt man sprachliche Besonderheiten und erfährt, was im Umgang mit den Kanariern irritierend wirken kann.

> Spanisch für die Kanarischen Inseln – Wort für Wort, Kauderwelsch Band 161, REISE KNOW-HOW Verlag, Bielefeld

Touren

In fast allen **Hotels** liegen Prospekte mit aktuellen Tourenangeboten aus. Außer Ausflugsfahrten, die einen Überblick über die Insel vermitteln, gibt es organisierte Radtouren und geführte Wanderungen. Bootsausflüge (s. S. 46) starten in Valle Gran Rey und Playa Santiago.

Telefonieren

Die Vorwahl für La Gomera von Deutschland, Österreich und der Schweiz lautet **0034 für Spanien**, dann folgt die neunstellige Nummer des Anschlussinhabers. Bei Gesprächen von Spanien ins Ausland wählt man **0049 für Deutschland, 0043 für Österreich** und **0041 für die Schweiz**, dann die Ortsvorwahl ohne Anfangsnull und die Rufnummer des Teilnehmers.

Bei Handy-Einsatz im Ausland sollte man wegen zum Teil noch immer hoher Gebühren bei seinem Anbieter nachfragen oder auf dessen Website nachschauen, welcher der Roaming-Partner günstig ist und diesen per **manueller Netzauswahl** voreinstellen. Nicht zu vergessen sind bei einigen Anbietern die noch immer zu zahlenden passiven Kosten, wenn man von zu Hause angerufen wird (Mailbox abstellen!). Besorgt man sich eine **spanische Prepaid-Karte** (*tarjeta prepago*, z. B. von Movistar oder Orange) und tauscht diese gegen die deutsche SIM-Karte (Handy muss SIMlock-frei

sein), zahlt man nichts für ankommende Anrufe. Nachteil: Freunde im Heimatland kennen die Rufnummer nicht und müssen erst informiert werden. Günstig ist es auch, sich von vornherein auf **SMS** zu beschränken, deren Empfang kostenfrei ist.

Achtung: Aufgrund der Schluchtenlage vieler Orte und leistungsschwacher Antennen lässt sich das eigene Mobiltelefon nicht immer problemlos nutzen (*no hay cobertura* – „kein Empfang")! Viele begnügen sich deshalb mit dem Versand von Nachrichten via WhatsApp.

Uhrzeit

Auf den Kanarischen Inseln besteht eine Stunde Zeitdifferenz zur MEZ, d. h., Besucher aus Mitteleuropa müssen nach Ankunft ihre Uhren **um eine Stunde zurückstellen.**

Unterkunft

La Gomera verfügt über derzeit 8000 Touristenbetten. Die meisten befinden sich in den Ferienzentren **Valle Gran Rey** 🈚 im Südwesten und **Playa Santiago** 🈲 im Süden der Insel. Naturliebhaber, die keine „Sonnengarantie" brauchen, fühlen sich auch im Norden wohl. Landhotels und Fincas erlauben dort individuelles Wohnen unter Einheimischen bzw. in weitgehender Abgeschiedenheit (**Vallehermoso** 🈴, **Agulo** 🈯, **Hermigua** 🈵). Immer öfter wird auch die Hauptstadt **San Sebastián** ❶ als Standort gewählt.

◁ *Organisiert wandern mit Timah (s. S. 84)*

Alle bekannten deutschen Reiseveranstalter sind auf La Gomera präsent und haben sich ihre „Vertragshotels" gesichert: Wer Wert auf viel Komfort legt, hat die Wahl zwischen zwei **Viersternehotels:** dem staatlich betriebenen Parador Conde de la Gomera 🈯 in San Sebastián und dem Hotel Jardín Tecina (s. S. 32) in Playa Santiago. Beide bestechen durch ihre fantastische Lage, denn sie thronen auf einer Felskuppe hoch oben über dem Meer. Viel Komfort bietet auch das Strandhotel Gran Rey (s. S. 52) in La Puntilla (Valle Gran Rey). Schön und behaglich wohnt man auch in den **Landhotels** von Hermigua (Hotel Ibo Alfaro, s. S. 75) und Agulo (Hotel Rural Casa Lugo, s. S. 71).

Die Mehrzahl der Urlauber quartiert sich aber in **Apartments** ein: Eine ideale Wohnform für alle, die auch im Urlaub gern selbst kochen. Apartments sind kaum teurer als **Pensionen.** Prinzipiell lohnt es sich, bei längerer Mietdauer nach einem Preisnachlass zu fragen. Besonders schön sind die Gomera Lounge in La Playa (s. S. 51, Valle Gran Rey) und Los Telares (s. S. 75, Hermigua). Agenturen, die Apartments im Valle Gran Rey vermitteln, finden sich in den jeweiligen Ortskapiteln.

Offiziell registrierte Unterkünfte sind mit **Stern- oder Schlüsselzeichen** versehen, und die **Preisliste** muss für Gäste deutlich sichtbar an der Rezeption oder in den Zimmern aushängen.

Urlaub in Landhäusern

Seit Jahren bietet La Gomera auch ein breites Spektrum an Unterkünften auf dem Land. Jahrhundertealte Bauernhöfe wurden mit EU-Geldern wiederaufgebaut und liebevoll restauriert. Man findet die Häuser in abgeschiedener Lage, meist im Rahmen kleinerer Dorfgemeinschaften. Die Inneneinrichtung entspricht traditionell rustikalem Stil, die sanitären Anlagen sind modern. Man kann sich direkt bei den Eigentümern einmieten oder über eine **Agentur,** die die Häuser mit Bild, Text und Preisangabe (meist auch auf Deutsch) vorstellt:

> www.casasruralesdelagomera.es
> www.islas-canarias-reisen.de
> www.fincaferien.de
> www.finca-selection.de:
  nur wenige Landhäuser

Alternative „Klubs"

In zwei abgelegenen Schluchten, in El Cabrito ⑯ und Argaga ㊱, gibt es *all inclusive* der besonderen Art: ohne Animation und Fast Food, dafür mit Yoga und Veggie-Küche aus eigenem Bio-Anbau. Das Angebot ist nicht gerade preiswert, aber auf den Kanaren einmalig!

Privat wohnen

www.wimdu.com und **www.airbnb. com:** Mit dem Slogan „Travel like a local" wirbt **Wimdu** für Privatzimmer und -apartments. Sympathisch ist, dass sich der Gastgeber mit Bild vorstellen kann. Doch „cheaper than a hotel", wie behauptet, sind die Unterkünfte nur selten. **Airbnb** hat vorerst noch günstigere Angebote, doch sollten Gäste auch hier bedenken: Es gibt keine Rezeption rund um die Uhr, Frühstück ist selten inbegriffen und bei der Schlüsselübergabe und anderen versprochenen Leistungen ist der Gast auf die Zuverlässigkeit des Anbieters angewiesen. Dass sich Gast und Gastgeber gegenseitig bewerten, schafft nicht immer ausreichend Kontrolle.

Reservierung

In der **Hauptsaison** (Dezember bis April), insbesondere aber während der **Weihnachts- und Osterferien** kann es schwierig werden, vor Ort noch ein freies Zimmer oder Apartment zu finden. Wer seinen Urlaub in einem bestimmten Haus verbringen oder sich zumindest für die ersten Nächte ein Dach über dem Kopf sichern möchte, reserviert die gewünschte Unterkunft im Voraus. Besitzer kleiner Apartmenthäuser und Pensionen bevorzugen Gäste, die mindestens drei Tage, möglichst eine Woche bleiben.

EXTRAINFO

Verbrauchertipps
In allen Dienstleistungsbetrieben, d. h. in Hotels und Pensionen, Bars, Restaurants und Taxis müssen **amtlich beglaubigte Preislisten** aushängen. Stimmen die verlangten Preise nicht mit der offiziellen Liste überein, so genügt oft die bloße Frage nach dem *libro de reclamaciones* („Beschwerdebuch"), um den Preis zu korrigieren. Auf La Gomera sind alle touristischen Einrichtungen verpflichtet, ein entsprechendes **Beschwerdebuch** zu führen, das dem unzufriedenen Gast auszuhändigen ist, sofern dieser es verlangt. Das Beschwerdeblatt besteht aus einem Original und drei Kopien und kann auch in deutscher Sprache ausgefüllt werden. Eine der Kopien muss der Besitzer des Betriebs innerhalb eines Monats bei der Tourismusbehörde abgeben. Die Blätter tragen Registriernummern, damit die Klage nicht „verlorengeht". Wurde dem Beschuldigten bereits in der Vergangenheit „unsauberes" Verhalten nachgewiesen, droht der Lizenzentzug.

Camping

Das freie Zelten ist auf La Gomera nicht gestattet, offenes Feuer in den Bergen strikt verboten. Es gibt nur einen offiziellen Campingplatz auf La Gomera: im Weiler El Cedro **61** im Herzen des Nationalparks (La Vista, s. S. 79).

Verkehrsmittel

Mit dem Bus

Um die größeren Orte der Insel kennenzulernen, empfiehlt sich die Fahrt mit dem öffentlichen Bus. Einheimische wissen, dass Busse zu früh eintreffen können und finden sich deshalb bereits **5 bis 10 Minuten vor der offiziellen Abfahrt** an der Haltestelle ein. Leider ist das Zusteigen auf freier Strecke nicht länger möglich – der Fahrer darf nur noch an den offiziellen Bushaltestellen stoppen. Mehrmals täglich verkehren Busse *(guaguas)* zwischen San Sebastián **1** und den wichtigsten Ortschaften Gomeras. Eine Fahrt rund um die Insel per Linienbus ist leider nicht möglich: Der 13 km lange Abschnitt Vallehermoso – Apartacaminos bleibt vorerst vom Busservice ausgespart.

Achtung: Die ausgehändigten bzw. ausgehängten **Fahrpläne** geben oft **nur die Abfahrtszeiten am Start** an. Will man unterwegs zusteigen, muss man die Ankunft schätzen! Da die Website des Busunternehmens (www.guaguagomera.com) nicht übersetzt wird, ist es zu empfehlen, sich in der Touristeninfo einen deutschen Ausdruck geben zu lassen. Fragen Sie sicherheitshalber nach, ob dieser aktuell ist! Eine Übersicht über die Buslinien befindet sich in der inneren Umschlagklappe hinten.

Mit dem Taxi

In jedem Dorf gibt es einen **Taxistand** *(parada de taxi).* Die Fahrzeuge sind am SP-Schild *(Servicio Público)* erkennbar oder haben ein grünes Licht auf dem Dach. Zwar sind alle mit Taxametern ausgestattet, doch es gibt (für längere Strecken) auch Festpreise, die auf einer **Preisliste** vermerkt sind. Auf längeren Strecken lassen Taxifahrer manchmal mit sich handeln. Um den oft stolzen Preis für den Einzelnen zu drücken, empfiehlt es sich, Fahrgemeinschaften zu bilden.

☑ *Mit dem Bus kommt man günstig über die Insel*

Mit dem Schiff

Zwar liegen **La Palma** und **El Hierro**, die beiden Nachbarinseln, in Sichtweite, doch es gibt keine Direktverbindungen dorthin. Alle Fähren steuern zuerst **Los Cristianos im Süden Teneriffas** an, von wo es nach La Palma und El Hierro weitergeht (www.fredolsen.es und www.navieraarmas.es).

Für **Bootsausfüge** siehe S. 46.

Wetter und Reisezeit

Das ganze Jahr über herrschen auf La Gomera milde, frühlingshafte **Temperaturen.** Selbst in den Wintermonaten steigt das Thermometer an der Küste auf behagliche 18 bis 22 °C, die Wassertemperatur liegt dann bei 18 bis 19 °C. In den Sommermonaten ist es im Durchschnitt 4 bis 6 °C wärmer. Urlauber kommen vorwiegend in den Monaten **November bis April,** in den Sommerferien bestimmen Festlandsspanier das Bild.

Stärkere **Niederschläge** bleiben auf den Winter beschränkt und konzentrieren sich auf den Norden der Insel. Im Tal von Hermigua fallen durchschnittlich 500, in der bewaldeten Zone des Nationalparks 1000, in Playa Santiago dagegen nur 20 mm Niederschlag pro Jahr. Wer also Ausflüge in den Nationalpark und auf die Nordseite der Insel unternimmt, sollte nicht nur an gutes Schuhwerk denken, sondern auch eine warme Jacke und Regenschutz dabeihaben. Äußerst selten kann es auf La Gomera auch **schneien** – allerdings nur am Garajonay, dem höchsten Inselgipfel (1487 m).

Unangenehmer als Regen ist für viele der Wind **calima.** Wenn er von Ost oder Südost weht, spannen sich die von der nahen Sahara herangewehten feinen Sandkörner wie eine graue Käseglocke über die Insel und erschweren das Atmen – doch zum Glück ist der Spuk meist nach drei Tagen vorbei.

❯ www.dasbesteklimaderwelt.com: Viele Infos rund um „das beste Klima der Welt", doch die Wettervorhersage ist nicht immer verlässlich. Realistischer ist: www.aemet.es (in der Karte auf La Gomera klicken).

Durchschnitt	Wetter auf La Gomera											
Maximale Temperatur	18°	18°	19°	20°	21°	23°	27	26°	26°	24°	21°	18°
Minimale Temperatur	12°	12°	12°	12°	14°	16°	19°	19°	18°	16°	15°	13°
Regentage	6	6	6	5	3	2	1	1	3	5	6	7
Wassertemperatur	19°	18°	18°	18°	19°	20°	21°	22°	23°	23°	21°	20°
	Jan	Febr	März	Apr	Mai	Juni	Juli	Aug	Sept	Okt	Nov	Dez

ANHANG

Kleine Sprachhilfe Spanisch

Betonung und Aussprache

Bei der **Betonung** gilt es, folgende **Grundregeln** zu beachten:

> Aufeinanderfolgende Vokale werden getrennt gesprochen, jedoch nicht abgehackt, sondern elegant verschliffen (s**o**y, b**ai**le).

> Mehrsilbige Wörter, die auf Vokal, n oder s enden, werden auf der vorletzten Silbe betont (**u**no, pes**e**ta, bu**e**nas t**a**rdes). Ausnahmen werden mit einem Betonungs-Akzent gekennzeichnet (adi**ó**s, pensi**ó**n).

> Wörter, die auf einen Konsonanten (außer n und s) enden, müssen auf der letzten Silbe betont werden (hot**e**l, ay**e**r).

> Wörter, die auf Vokal plus y enden, werden gleichfalls auf der letzten Silbe betont (est**o**y).

Die **Aussprache** der folgenden Buchstaben(-kombinationen) weicht vom Deutschen ab:

c	vor dunklen Vokalen wie k *(casa)*, vor hellen Vokalen wie engl. stimmloses th *(gracias)*
ch	wie tsch *(ocho)*
h	wird nicht gesprochen *(hola)*
j	wie ch in „acht" *(Juan)*
ll	wie j *(valle)*
ñ	wie nj *(mañana)*
qu	wie k *(queso)*
s	wie ss *(casa)*
y	wie j *(apoyo)*, am Wortende wie i *(hoy)*
z	wie engl. stimmloses th *(diez)*

Das **umgedrehte Fragezeichen** (¿) vor dem Fragesatz ist eine typisch spanische Besonderheit. Analog wird vor dem Befehlssatz ein umgedrehtes Ausrufezeichen (¡) gesetzt.

Wichtige Redewendungen und Begriffe

Allgemeines

Guten Morgen! Guten Tag (vormittags)!	*¡Buenos días!*
Guten Tag (nachmittags)!	*¡Buenas tardes!*
Guten Abend! Gute Nacht!	*¡Buenas noches!*
Auf Wiedersehen!	*¡Adiós!*
Tschüss!	*¡Hasta luego!*
Vielen Dank!	*¡Muchas gracias!*
Sprechen Sie Deutsch?	*¿Habla Usted alemán?*
ja, nein	*sí, no*
ein wenig	*un poco*
nichts	*nada*
Wie geht es Ihnen?	*¿Cómo está Usted?*
Entschuldigen Sie!	*¡Perdón!*
Einen Augenblick, bitte!	*¡Un momento, por favor!*
Wo liegt ...?	*¿Dónde está ...?*
Wie heißt ...?	*¿Cómo se llama ...?*
Wann ist ... geöffnet?	*¿A que hora está abierto ...?*

+++ Die wichtigsten Wörter mit dem Bonus-Audiotrack des Kauderwelsch-

Wie spät ist es?	*¿Qué hora es?*
Haben Sie ...?	*¿Tiene ...?*
Gibt es ...?	*¿Hay ...?*
Ich möchte gern ...	*Quisiera ...*
Ich brauche ...	*Necesito ...*
rechts/links	*a la derecha/a la izquierda*
geradeaus	*todo derecho*
oben/unten	*arriba/abajo*
heute	*hoy*
morgen	*mañana*
gestern	*ayer*
von ... bis	*de ... hasta*
Lassen Sie mich bitte in Ruhe!	*¡Por favor, déjeme en paz!*
Hör sofort auf!	*¡Basta ya!*
Hilfe!	*¡Socorro!*

Unterkunft

Hotel, Apartment, Pension	*hotel, apartamento, pensión*
Landhaus	*casa rural*
Haben Sie ein Einzel-/Doppelzimmer?	*¿Tiene una habitación individual/doble?*
mit eigenem Bad	*con baño propio*
Wie viel kostet es?	*¿Cuánto cuesta?*
mit Frühstück	*con desayuno*
mit Halb-/Vollpension	*con media pensión/pensión completa*
Kann ich das Zimmer sehen?	*¿Puedo ver la habitación?*

Restaurant

Die Speisekarte (Weinkarte), bitte!	*¡La carta (carta de vinos), por favor!*
Kellner, Kellnerin	*camarero, camarera*
Hören Sie! (Anrede der/s Kellners/in)	*¡Oiga, por favor!*
Ich möchte etwas essen (trinken).	*Quisiera comer (beber) algo.*
Guten Appetit!	*¡Qué aproveche!*
Prost!	*¡Salud!*
Die Rechnung bitte!	*¡La cuenta, por favor!*
Wo ist die Toilette?	*¿Dónde están los servicios?*

Einkaufen

Wo ist der Markt?	*¿Dónde está el mercado?*
Gibt es auch eine Fischhalle?	*¿Hay también una pescadería?*
Laden	*tienda*
Bäckerei	*panadería*
Apotheke	*farmacia*
Wie viel kostet das?	*¿Cuánto cuesta?*
Das ist teuer/billig.	*¡Es caro/barato!*
Das gefällt mir!	*¡Esto me gusta!*
Das ist alles!	*¡Más nada!*
Kann ich mit Kreditkarte bezahlen?	*¿Puedo pagar con tarjeta de crédito?*

Autoverleih

das Auto	*el coche*
der Vertrag	*el contrato*
der Führerschein	*el permiso de conducir*
der Preis	*el precio*
die Kreditkarte	*la tarjeta de crédito*
Benzin bleifrei	*gasolina sin plomo*
die Tankstelle	*la gasolinera*
die Straße	*la carretera*
der Parkplatz	*el aparcamiento*
Wo kann man ein Auto mieten?	*¿Dónde se puede alquilar un coche?*

Wochentage

Montag	*lunes*
Dienstag	*martes*
Mittwoch	*miércoles*
Donnerstag	*jueves*
Freitag	*viernes*
Samstag	*sábado*
Sonntag	*domingo*

Monate

Januar	*enero*
Februar	*febrero*
März	*marzo*
April	*abril*
Mai	*mayo*
Juni	*junio*
Juli	*julio*
August	*agosto*
September	*septiembre*
Oktober	*octubre*
November	*noviembre*
Dezember	*diciembre*

Zahlen

1	*uno, una*
2	*dos*
3	*tres*
4	*cuatro*
5	*cinco*
6	*seis*
7	*siete*
8	*ocho*
9	*nueve*
10	*diez*

Gastronomisches Glossar

aceite	Öl
aceitunas	Oliven
agua mineral	Mineralwasser
– con gas	mit Kohlensäure
– sin gas	ohne Kohlensäure
aguacate	Avocado
ahumado	geräuchert
ajo	Knoblauch
al ajillo	mit Knoblauch zubereitet
al salmorejo	in pikanter Weinsoße
albóndigas	Fleischklöße
alcachofas	Artischocken
alfajores majoreros	Honigmandelgebäck
almejas	Herzmuscheln
almogrote	Creme aus hartem Ziegenkäse, Chili und Olivenöl
arepas	gefüllte Teigtaschen
arroz	Reis
asado	gebraten
atún	Thunfisch
azúcar	Zucker
batata	Süßkartoffel
bebida	Getränk
berro	Kresse
bien hecho	ganz durch
bienmesabe	Mandelmus
bocadillo	belegtes Brötchen
boquerones	Sardellen
caballa	Makrele
café solo	Espresso

café cortado	Espresso mit etwas Milch	*espinacas*	Spinat
café con leche	Milchkaffee	*estofado*	Schmorbraten
calamares	panierte	*flan*	Karamellpudding
a la romana	Tintenfischringe	*fresa*	Erdbeere
calamares	Tintenfisch	*fresco*	frisch
en su tinta	in eigener Soße	*frito*	gebacken
caldo	Brühe	*fruta del mar*	Meeresfrüchte
caldo de pescado	Fisch- und Meeresfrüchtesuppe	*fruta*	Obst
		gallina	Huhn
caña	Bier vom Fass	*gambas*	Garnelen
carajillo	Espresso mit Brandy	*garbanzos*	Kichererbsen
carne	Fleisch	*gazpacho*	kalte Gemüsesuppe
carne de buey	Ochsenfleisch	*gofio*	Mehl aus geröstetem Getreide
carne de cabra	Ziegenfleisch	*guisado*	Schmorfleisch mit
carne de cerdo	Schweinefleisch		Soße und Kartoffeln
carne de cordero	Lammfleisch	*guisantes*	Erbsen
carne de ternera	Kalbfleisch	*helado*	Speiseeis
carne de vaca	Rindfleisch	*hielo*	Eis (zum Kühlen)
casero	hausgemacht	*hierbas*	Kräuter
cazuela	Fischgericht mit Kartoffeln	*higado*	Leber
		huevo	Ei
cerveza	Flaschenbier	*huevo duro*	hartes Ei
chicharrones	in Gofio gewälzte Speckgrieben	*huevo pasado*	weiches Ei
		huevo frito	Spiegelei
chorizo	Paprikawurst	*huevos revueltos*	Rührei
chuleta	Kotelett	*jamón*	gekochter Schinken
churros con	frittierte Hefekringel	*jamón serrano*	luftgetrockneter
chocolate	mit Schokolade		Schinken
clacas	einheimische Muschelart	*jugo*	Saft
		langosta	Languste
cochinillo	Spanferkel	*langostinos*	Königskrabben
cocido	(1) gekocht,	*lapa*	Napfschnecke
	(2) Fleisch- und Gemüseeintopf	*leche*	Milch
		leche condensada	Büchsenmilch
conejo	Kaninchen	*lechuga*	grüner Salat
consomé	Kraftbrühe	*legumbres*	Gemüse, Hülsenfrüchte
corvina	Schattenfisch		
crema	Creme, Suppe	*lenguado*	Seezunge
crudo	roh	*lentejas*	Linsen
dulces	Süßigkeiten	*limón*	Zitrone
embutido	Wurst	*lomo*	Rückenstück
empanada	gefüllte Teigtasche	*mantequilla*	Butter
ensalada	Salat	*manzana*	Apfel
entrecot	Rumpsteak	*mariscos*	Meeresfrüchte
escaldón	Brühe mit gofio	*media ración*	halbe Portion
escalope	Schnitzel	*medio hecho*	halb durch

mejillones	Miesmuscheln	*queso tierno*	Frischkäse
menú del día	Tagesmenü	*queso a la brasa*	gegrillter Ziegenkäse
merluza	Seehecht	*queso de almendras*	Mandelkuchen
mero	Zackenbarsch	*queso del*	Käse aus
miel de Palma	Palmenhonig	*país majorero*	Fuerteventura
mistela	Schnaps mit	*ración*	große Portion
	Orangenlikör	*ron miel*	Rum mit Honig
mojo rojo	rote Soße mit	*ropa vieja*	Fleischgericht mit
	Chilischoten und		Kichererbsen
	Knoblauch	*sal*	Salz
mojo verde	grüne Soße	*salchichas*	Würstchen
	mit Koriander	*salsa*	Soße
	und Knoblauch	*sama*	Rotbrasse
morcilla	Blutwurst	*salmón*	Lachs
morcilla dulce	Blutwurst mit	*sancocho*	Fisch mit Süßkar-
	Mandeln u. Rosinen		toffeln und Gemüse
paella	Reisgericht mit	*sangría*	Rotweinbowle
	Meeresfrüchten,		mit Zitrusfrüchten
	Fleisch und Gemüse	*solomillo*	Filetsteak
pan	Brot	*sopa*	Suppe
panecillo	Brötchen	*tapa*	kleines Tellergericht,
papas	Kartoffeln		Zwischenmahlzeit
papas fritas	Pommes frites	*tarta*	Torte
papas arrugadas	Kartöffelchen	*té*	Tee
	mit Salzkruste	*tollo*	Trockenfisch
parrillada	Grillplatte	*tortilla española*	Omelett mit
pata de cerdo	zartes		Kartoffelstücken
	Schweinefleisch	*tortilla francesa*	Omelett
pechuga	Brust	*truchas con batatas*	Gebäck mit
percebes	Entenmuscheln		Süßkartoffelmus
pescado	Fischgericht	*truchas con*	Gebäck mit Faser-
pez	Fisch	*cabello de ángel*	melonenkonfitüre
pez espada	Schwertfisch	*turrón*	feste, süße Masse
pimienta	Pfeffer		aus Mandeln u. Eiern
pimiento	Paprikaschote	*vegetariano*	vegetarisch
pimientos	frittierte kleine	*verdura*	Gemüse
de Padrón	Paprika	*vieja*	karpfenähnlicher
pincho, pinchito	Spieß		Fisch
plátano	Banane	*vinagre*	Essig
pollo	Hähnchen	*vino*	Wein
potaje	Gemüseeintopf	*vino blanco*	Weißwein
pulpo	Krake, Oktopus	*vino rosado*	Roséwein
queso ahumado	geräucherter Käse	*vino tinto*	Rotwein
queso de almendras	Mandelkuchen	*vino dulce*	süßer Wein
queso curado/duro	reifer Käse	*vino semiseco*	halbtrockener Wein
queso del país/	Käse von der Insel	*vino seco*	trockener Wein
de la Gomera		*vino de la casa*	Tafelwein
queso semicurado/	halbreifer Käse	*zarzuela*	Fischeintopf
semiduro		*zumo*	Saft

Register

Schreiben Sie uns

Dieses Buch ist gespickt mit Adressen, Preisen, Tipps und Daten. Unsere Autoren recherchieren unentwegt und erstellen alle zwei Jahre eine komplette Aktualisierung, aber auf die Mithilfe von Reisenden können sie nicht verzichten. Darum: Teilen Sie uns bitte mit, was sich geändert hat oder was Sie neu entdeckt haben. Gut verwertbare Informationen belohnt der Verlag mit einem Sprachführer Ihrer Wahl aus der Reihe „Kauderwelsch".

Kommentare übermitteln Sie am einfachsten, indem Sie die Web-App zum Buch aufrufen (siehe Umschlag hinten) und die Kommentarfunktion bei den einzelnen auf der Karte angezeigten Örtlichkeiten oder den Link zu generellen Kommentaren nutzen. Wenn sich Ihre Informationen auf eine konkrete Stelle im Buch beziehen, würde die Seitenangabe uns die Arbeit sehr erleichtern. Unsere Kontaktdaten entnehmen Sie bitte dem Impressum.

◹ *Schwarzer Strand am Fuß glühender Klippen – die Playa del Inglés (s. S. 49) im Valle Gran Rey*

Impressum

Dieter Schulze

InselTrip La Gomera

© REISE KNOW-HOW Verlag
  Peter Rump GmbH

1. Auflage 2016

Alle Rechte vorbehalten.

ISBN 978-3-8317-2657-8
PRINTED IN GERMANY

Druck und Bindung:
  Media-Print, Paderborn

Herausgeber: Klaus Werner, Ulrich Kögerler
Layout: amundo media GmbH (Umschlag, Inhalt),
  Peter Rump (Umschlag)
Lektorat: amundo media GmbH
Karten: Ingenieurbüro B. Spachmüller,
  amundo media GmbH
Anzeigenvertrieb: KV Kommunalverlag GmbH &
  Co. KG, Alte Landstraße 23, 85521 Ottobrunn,
  Tel. 089 928096-0, info@kommunal-verlag.de
Kontakt: Osnabrücker Str. 79, 33649 Bielefeld,
  info@reise-know-how.de

Alle Angaben in diesem Buch sind gewissenhaft geprüft. Preise, Öffnungszeiten usw. können sich jedoch schnell ändern. Für eventuelle Fehler übernehmen Verlag wie Autor keine Haftung.

Bildnachweis
Umschlagvorderseite: fotolia.com©pkazmierczak | Umschlagklappe rechts: Izabella Gawin und Dieter Schulze
Soweit ihre Namen nicht vollständig am Bild vermerkt sind, stehen die Kürzel an den Abbildungen für die folgenden
Fotografen, Firmen und Einrichtungen. Izabella Gawin und Dieter Schulze: gs | fotolia.com: fo | Timah: ti |
Dive Art Gomera: dag | David Olivera/Cabildo de El Hierro: do

La Gomera mit PC, Smartphone & Co.

QR-Code auf dem Umschlag scannen oder **www.reise-know-how.de/inseltrip/lagomera16** eingeben und die **kostenlose Web-App** aufrufen (Internetverbindung zur Nutzung nötig)!

★ **Anzeige der Lage und Satellitenansicht aller** beschriebenen Sehenswürdigkeiten und weiterer Orte
★ **Routenführung** vom aktuellen Standort zum gewünschten Ziel
★ **Exakter Verlauf** der empfohlenen Wanderungen
★ **Audiotrainer** der wichtigsten Wörter und Redewendungen
★ **Updates** nach Redaktionsschluss

GPS-Daten zum Download
Auf der Produktseite dieses Titels unter www.reise-know-how.de stehen die GPS-Daten aller Ortsmarken als KML-Dateien zum Download zur Verfügung.

Inselplan für mobile Geräte
Um den Inselplan auf Smartphones und Tablets nutzen zu können, empfehlen wir die App „PDF Maps" der Firma Avenza™. Der Inselplan wird aus der App heraus geladen und kann dann mit vielen Zusatzfunktionen genutzt werden.

Die Web-App und der Zugriff auf diese über QR-Codes sind eine freiwillige, kostenlose Zusatzleistung des Verlages. Der Verlag behält sich vor, die Bereitstellung der Angebote und die Möglichkeit der Nutzung zeitlich und inhaltlich zu beschränken. Der Verlag übernimmt keine Garantie für das Funktionieren der Seiten und keine Haftung für Schäden, die aus dem Gebrauch der Seiten resultieren. Es besteht ferner kein Anspruch auf eine unbefristete Bereitstellung der Seiten.

Zeichenerklärung

⑪	Sehenswürdigkeit
[I5]	Verweis auf Planquadrat im Insel-Faltplan
❋	Aussicht, Mirador
⌂	Camping
👤	Denkmal
✈	Flughafen
⛳	Golfplatz
⚓	Hafen
▲	Höhenpunkt
⌒	Höhle
❶	Informationsstelle
✝	Kirche
🗼	Leuchtturm
Ⓜ	Museum
≋	Naturschwimmbecken
★	Sehenswürdigkeit
⛱	Strand
↑	Windrad

Zusätzliche Symbole in den Stadtplänen und Wanderkarten

☀	Aussicht, Mirador
Ⓑ	Bushaltestelle
✈	Flughafen
⚓	Hafen
ⅱ	Kirche
Ⓟ	Parkplatz
✉	Post
★	Sehenswürdigkeit
●	Sonstiges
⛱	Strand
✪	Taxistand
🟧	Übernachtung
🟦	Essen und Trinken/Nachtleben
🟩	Einkaufen/Sonstiges
🟦	Aktiv